AF401711

TRAITÉ
DE LA CONSTRUCTION
DES THÉATRES
ET DES
MACHINES THÉATRALES.

Par M. R*oubo le fils*, *Maître Menuisier.*

PREMIERE PARTIE.

A PARIS,
Chez Cellot & Jombert fils jeune, Libraires, rue Dauphine, la seconde porte-cochère à droite en entrant par le Pont-neuf.

M. DCC. LXXVII.
Avec Approbation et Privilége du Roi.

A SON ALTESSE SÉRÉNISSIME
MONSEIGNEUR
LE
DUC DE CHARTRES.

MONSEIGNEUR,

Si le ſuffrage d'une des plus ſavantes Académies de l'Europe pouvoit être un titre pour reclamer en ma faveur la protection éclatante que vous daignez accorder aux Arts & aux Artiſtes, j'oſerois me prévaloir de l'adoption qu'elle a faite de mes Ouvrages, pour obtenir de VOTRE ALTESSE SÉRÉNISSIME *une aussi insigne faveur. Il est des talents qui n'ont besoin d'aucune recommandation pour être accueillis du Public; il en est aussi qui ne peuvent recevoir d'encouragement que d'un aussi grand Prince. L'Art de construire les Théatres est de ce nombre: la difficulté de l'exécution, l'immensité des connoissances qu'il exige, sont autant d'entraves dont il n'appartient qu'à Vous,* **MONSEIGNEUR**, *de l'affranchir. Placé par ma naissance dans la classe des Citoyens, pour qui un respectueux silence est le seul hommage qu'ils puissent vous adresser; quel bonheur pour moi,* **MONSEIGNEUR**, *d'en sortir une fois en ma vie pour Vous assurer du très-profond respect avec lequel je suis,*

MONSEIGNEUR,

DE VOTRE ALTESSE SÉRÉNISSIME,

Le très-humble & très-obéissant serviteur, ROUBO *fils*.

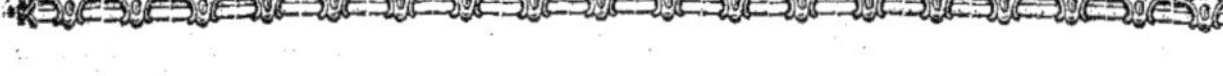

AVERTISSEMENT.

Il y a long-temps qu'on se plaint en France de la mauvaise forme & du peu de commodité de nos Spectacles, & c'est avec raison; mais on n'a pas encore essayé de remédier à ces défauts, ou du moins on n'y a réussi que foiblement; soit que ceux qui pensoient le mieux à cet égard n'aient pas été à portée de le faire, ou que le pouvant, ils n'aient pas osé résister à la force de l'usage qui semble présider seul à la disposition de nos édifices publics. Le but qu'on s'est proposé dans cet Ouvrage est d'indiquer des remedes aux défauts dont on se plaint, ou du moins d'être utile aux Artistes & aux Ouvriers constructeurs de Théatres, en donnant les vrais principes sur lesquels sont fondées la théorie & la pratique de ces sortes d'édifices, & en même-temps de laisser à la postérité une idée nette & précise de nos Spectacles (sur-tout quant au local), & des progrès que nous avons faits dans ce genre de science.

Pour parvenir à remplir ces différentes vues, il a fallu prendre les choses de très-loin, afin de réunir sous un même point de vue la connoissance historique & locale des Théatres anciens & modernes: ainsi en faisant le parallele des uns & des autres, on pourra mieux juger des changements qui y ont été introduits, soit en raison des différents usages & des mœurs nationales, soit simplement par le défaut de goût & par l'ignorance des vrais principes.

A ces connoissances préliminaires, qui sont d'une nécessité indispensable, il a fallu joindre celles de l'Architecte, du Décorateur, du Machiniste, enfin du Menuisier, dont le ministere est nécessaire non-seulement pour la construction du Théatre proprement dit, & celle des Machines théatrales, mais encore pour mettre en jeu ces mêmes Machines, & en diriger les mouvements. Quoique ces différentes connoissances soient très-compliquées, elles sont cependant relatives & mêmes inséparables les unes des autres; c'est pourquoi on a fait tous les efforts possibles pour les réunir dans cet Ouvrage, sur le mérite duquel on n'insistera pas ici, puisque c'est au Public qu'il appartient d'en juger: mais on ose assurer qu'on n'a rien épargné pour le rendre en même-temps utile & agréable, & sur-tout le moins dispendieux possible, quoique d'un format à-peu-près semblable à celui de la description de l'Art du Menuisier, du même Auteur, & dans lequel cet Ouvrage est annoncé (*) comme y faisant suite. On ne pourra donc guere se dispenser de le joindre à l'Art du Menuisier, puisqu'il est particuliérement destiné à le completter; quoique de sa nature il ne puisse faire partie de la collection des Arts & Métiers.

D'après l'exposé qu'on vient de faire de cet Ouvrage, il est facile de voir qu'il est absolument neuf, quant au fond & même à la maniere dont les objets y sont présentés, à l'exception cependant de la partie historique, qui ne peut jamais l'être: personne n'ignore que ceux qui écrivent l'Histoire, en quelque

(*) Art du Treillageur, quatrieme Partie de l'Art du Menuisier, dans une note à la Conclusion de cet Art, *page* 1257. Voyez aussi la Feuille des Affiches de Provinces, *Année* 1775, N°. 12, *page* 47.

genre que ce soit, ne peuvent s'approprier que l'ordre & l'arrangement des matieres qui leur ont été fournies par les Ecrivains qui les ont précédés, ou par l'inspection des anciens monuments, qu'on peut considérer comme des témoins muets des faits anciens. L'Auteur de ce Traité est dans ce cas ; & si dans le courant de ce même Ouvrage (du moins quant à la partie historique des Théatres) il a négligé de citer les Auteurs qu'il a consultés, ce n'a été que pour ne point embarrasser le discours en le chargeant de notes, ayant préféré de donner ici la liste des Ouvrages dont il a fait usage.

Pour les Théatres Grecs & Romains.

Origine des Théatres, second Volume de l'Architecture Françoise, par M. Blondel.
L'Histoire ancienne de M. Rollin.
L'Histoire Romaine, par le même, & par M. Crevier.
L'Histoire des Empereurs, par le même.
L'Histoire du Bas-Empire, par M. le Beau.
Mémoire pour la forme des Théatres anciens, par M. Boindin, premier Volume de l'Histoire de l'Académie des Belles-Lettres.
Description du Théatre de Curion, par M. le Comte de Caylus. Mémoires de l'Académie des Belles-Lettres, Tome XXIII.
Les Notes de M. Perault sur Vitruve.
Les Œuvres de Serlio & de Desgodets, pour le Théatre de Marcellus.
Les Ruines des Monuments de la Grece, par M. le Roy.
Les Observations de M. Bélicard sur Herculanum; & le Voyage d'un François en Italie, par M. de la Lande.

Pour les Théatres Modernes.

Histoire du Théatre François, par MM. Parfait.
Traité de la Police, par le Commissaire Lamare.
Les Essais sur Paris, par M. de Saint-Foix.
Recherches sur les Théatres, par M. de Beauchamps.
Les Mélanges d'Histoire & de Littérature, par M. de Voltaire.
Histoire de l'Académie Royale de Musique, par M***.
Dictionnaire portatif des Théatres de Paris, par M***.
Voyage d'un François en Italie, par M. de la Lande.
Le Théatre Allemand, par MM. ***.
Le Journal Anglois, Tome I, N°. 3.
La Bibliothéque de Dom Nicolo Antonio, & les différents Ouvrages sur le Théatre Espagnol.
L'Œuvre de M. Dumont sur les plus belles Salles de Spectacles de l'Europe.
Observation sur la forme des Théatres modernes, par M. Blondel, second Volume de son Cours d'Architecture.
Exposition des principes qu'on doit suivre dans la construction des Théatres modernes, par M. ***, *in-12*, chez Jombert.
Projet d'une Salle de Spectacle pour un Théatre de Comédie, par M. Cochin.
Le Dictionnaire de Musique de M. Rousseau de Genève.
Enfin, l'Encyclopédie, aux différents articles qui ont rapport aux Théatres tant anciens que modernes.

TRAITÉ
DE LA CONSTRUCTION
DES THÉATRES
ET
DES MACHINES THÉATRALES.

PREMIERE PARTIE.

AVANT-PROPOS.

LES Fêtes & les Spectacles sont aussi anciens que les premieres Sociétés; mais de tous les Peuples connus, il n'y en a pas qui ayent témoigné tant d'ardeur pour ces sortes de plaisirs, que les Grecs & les Romains, & sur-tout les premiers qui ont servi de modele aux autres, & qui en serviront sans doute à la postérité, étant parvenus dans un assez court espace de temps, au plus haut degré de perfection dans tous les genres de sciences tant utiles qu'agréables.

Chez les Grecs, les Fêtes, telles que les Olympiques, les Pythiennes, les Néméenes, les Isthmiques & autres, faisoient partie des Cérémonies Religieuses, & tenoient en même temps à la constitution de l'Etat; c'étoit autant d'assemblées solemnelles où la Grece se donnoit en Spectacle à elle-même & à l'Univers, où tous les Citoyens des différents États dont elle étoit composée, resserroient les liens qui les unissoient, & où ils s'excitoient mutuellement à l'amour de la gloire & de la liberté: caractere qui a si long-temps distingué la Grece des autres Nations, & qui l'a, pour ainsi dire, immortalisée.

Les Fêtes, dont je viens de parler, étoient certainement de très-magnifiques Spectacles; mais il y en avoit d'une autre espece, qui, quoique moins brillants par la diversité des Jeux & la multitude des Spectateurs, étoient cependant très-intéressants. Ces Spectacles, appellés *Jeux Scéniques* ou *Représentations de Théatres*, se donnoient dans presque toutes les villes de la Grece, d'où ils ont passé chez les Romains, & de ces derniers jusqu'à nous.

Ce sont ces dernieres especes de Spectacles, dont la description va faire l'objet de la premiere Partie de cet Ouvrage, du moins quant au lieu où ils se donnoient, qui fut connu chez les Anciens sous le nom de *Théatres*, & chez les Modernes de *Salles de Spectacles*.

Le nom de *Théatre*, vient d'un mot Grec, qui signifie *Voir*; ce qui a fait que chez les

Romains ces monuments ont quelquefois été appellés *Visorium* ou *Lieu dans lequel on vient voir quelque chose.* Cependant les Jeux de Théatres ne satisfont pas seulement le sens de la vue, mais encore celui de l'ouïe, & souvent plutôt ce dernier que l'autre. Quoiqu'il en soit, chez les Anciens, soit Grecs ou Romains, le nom de *Théatre* a été généralement appliqué à tous les Edifices du même genre, c'est-à-dire, dans lesquels on représentoit des Tragédies, des Comédies, des Pantomimes, &c.

Chez les Grecs & les Romains, le Théatre étoit un édifice vaste, solidement construit, & disposé de maniere à pouvoir contenir ceux qui donnoient des représentations (c'est-à-dire les Acteurs) & ceux qui y assistoient, qui étoient toujours en grand nombre, comme 10, 20 ou 30 mille personnes.

Chez les Modernes, ces édifices ont toujours été moins considérables, & on n'a donné le nom de *Théatre* qu'à la partie où se placent les Acteurs: le reste de l'édifice fut nommé *Salle de Comédie*, *d'Opéra*, &c.

Chez les Grecs, les Théatres, quoique particuliérement destinés aux Jeux Scèniques, servoient encore aux assemblées du Peuple, pour y délibérer des affaires de l'Etat; ce qui étoit d'autant plus naturel, que tous les Etats qui composoient la Grece, étoient autant de Démocraties: il falloit bien que ces Peuples-Rois eussent un lieu commode pour tenir leurs assemblées, & où ils pussent entendre distinctement (du moins pour la plupart) les objets qui s'y discutoient: ce n'est pas cependant que leurs Théatres ayent été construits à ce dessein; mais il est à présumer que, lorsqu'ils ont été en usage, on n'a pas cru pouvoir trouver de lieu plus commode pour tenir les assemblées du Peuple. Chez les Romains les Théatres n'ont servi qu'à leur véritable destination, c'est-à-dire, à la représentation des Tragédies ou des Comédies, les assemblées du Peuple se tenant dans la place publique ou au champ de Mars. Aux Jeux Scèniques ils joignirent ceux du Cirque qu'ils avoit reçus aussi des Grecs, & ceux de l'Amphitéatre, qui étoient inconnus à ces derniers, qui n'en firent gueres usage qu'après avoir été assujettis aux Romains (1).

Quoique ces deux dernieres especes de Spectacles soient absolument étrangeres à l'objet de cet Ouvrage, j'ai cru cependant en devoir donner ici une idée, afin que ceux de mes Lecteurs qui ne les connoissent pas, ne les confondent pas avec les Théatres proprement dits.

On nommoit *Cirque* un vaste espace beaucoup plus long que large, garni de siéges ou gradins des deux côtés, qui étoient paralleles entr'eux, & qui se rejoignoient en demi-cercle à une de leurs extrémités: l'espace compris entre ces deux rangs de siéges, se nommoit *Stade*, & servoit pour les courses, soit à pied ou à cheval, ou avec des chars à deux ou à quatre chevaux. LE CIRQUE.

Les Romains avoient reçu ces Jeux des Grecs, qui les célébroient particuliérement aux Fêtes Olympiques.

Le plus ancien Cirque permanent, qui fut construit chez les Romains, est du temps de *Tarquin* l'ancien, qui vivoit vers l'an du Monde 3391 & 138 de Rome, environ 163 ans après l'institution des Jeux Olympiques chez les Grecs, qui fut faite l'été de l'an du Monde 3228, & 408 après le siége de Troyes, 25 ans avant la fondation de Rome; & 776 avant l'Ere Chrétienne.

L'Amphithéatre étoit un vaste édifice, ordinairement ovale par son plan, & garni dans tout son périmetre ou pourtour intérieur d'un nombre de siéges ou gradins; l'espace compris entre les siéges, & qui étoit très-vaste, se nommoit *Arêne*, & étoit beaucoup plus bas que ces derniers. C'est dans cette arêne qu'on donnoit des combats de bêtes contre bêtes ou d'hommes contre bêtes, ou enfin d'hommes contre d'autres hommes; cette derniere espece de combats se nommoit *Combat de Gladiateurs*. L'arêne des Amphithéatres servoit aussi à donner des Naumachies ou combats sur l'eau, & a été plusieurs fois arrosée du sang des Martyrs de la Religion Chrétienne, tant à Rome que dans les provinces de l'Empire Romain. L'AMPHITHÉATRE.

Les Spectacles de l'Amphithéatre n'étoient pas fort anciens chez les Romains du temps de la République; car ce ne fut que l'an 488 de Rome, 264 ans avant J. C. que la barbare coutume de faire combattre les hommes les uns contre les autres, pour le divertissement du Peuple Romain, s'est introduite; ce furent les deux freres *M.* & *D. Junius Brutus*, qui, les premiers, donnerent cet affreux Spectacle, qui, depuis, devint le divertissement favori des Romains, sur-tout sous les Empereurs, & qui

(1) Les Athéniens furent presque les seuls qui ne souffrirent point cet affreux Spectacle dans leur Ville; car lorsque toute la Grece fut réduite en province Romaine, sur la proposition qui fut faite au peuple d'Athenes, de faire construire un amphithéatre à l'exemple des autres Villes, un Citoyen vertueux éleva sa voix au milieu de l'assemblée, en disant: *Si vous voulez faire construire un Amphithéatre, faites donc auparavant détruire l'Autel que nos Peres ont élevé à la Miséricorde*; & il n'y eut point d'Amphithéatre à Athenes.

dura

dura jusqu'au temps d'*Honorius*, auquel cet Empereur, par une Loi datée de l'an 403 de l'Ere Chrétienne, les défendit absolument par-tout l'Empire où la coutume de donner ces Spectacles s'étoit introduite. Les ruines des Amphithéatres qui furent construits dans plusieurs villes de France, comme à Arles, Nîmes, Autun & autres, en sont des preuves incontestables.

CHAPITRE PREMIER.

Description historique des Théatres, tant chez les Grecs que chez les Romains & les François.

MON dessein n'est pas d'entrer dans un grand détail au sujet des Théatres anciens, tant Grecs que Romains & même François; je me bornerai à donner une idée de ces Théatres, quant à la partie historique. Après quoi, je traiterai de leurs formes & de leurs grandeurs, & j'en ferai le parallele avec nos Théatres modernes; enfin j'entrerai dans le détail le plus circonstancié au sujet de ces derniers, & je m'attacherai particuliérement à la description de leurs Théatres & de leurs Machines: objet d'autant plus intéressant, que c'est la partie la moins connue & la plus compliquée des Théatres modernes, qui, à cet égard, l'emportent infiniment sur les anciens, du moins autant qu'on le peut conjecturer, n'ayant aucun monument certain qui puisse prouver le contraire.

SECTION PREMIERE.

Des Théatres chez les Grecs.

LA Tragédie est le premier & le plus ancien des Jeux Scèniques; & il paroît, par un fragment d'un Dialogue de Platon sur *Minos*, qu'il en attribue l'invention à ce Prince, ou du moins qu'elle étoit connue de ce temps; ce qui recule l'origine de ce Poëme jusqu'à l'an du Monde 2740, environ 488 ans avant la premiere Olympiade: origine qu'on pourroit regarder comme plus ancienne encore, & due aux premiers Egyptiens, dont les Grecs ont tiré toutes leurs Loix & leurs Cérémonies Religieuses, & dont la Tragédie dont je parle faisoit alors partie.

Les sujets de ces premieres Tragédies étoient souvent des Mysteres cachés: on les représentoit dans les Temples, & les décorations & les habits des Acteurs étoient convenables à la grandeur du sujet, qui, pour l'ordinaire, avoit pour objet la Divinité (1).

Par la suite, la Tragédie dégénéra de sa premiere institution, & le changement fut tel chez les anciens Grecs, que ce ne fut plus qu'un tissu de contes bouffons mêlés de chants en l'honneur de Bacchus, dont on célébroit particuliérement la fête dans le temps des vendanges.

Le Poëte *Thespis* qui vivoit du temps de Solon, vers l'an du Monde 3450, fut le premier qui fit quelques changemens à la Tragédie, &, pour cette raison, il en fut considéré comme le Pere. Ces changements consistoient à barbouiller de lie de vin le visage de ses Acteurs, & en cet état il les promenoit dans une charrette dans les bourgs de l'Attique; ce que Boileau, après Horace, a exprimé dans son Art Poétique, *Chant troisieme.*

> Thespis fut le premier, qui, barbouillé de lie,
> Promena par les bourgs cette heureuse folie,
> Et d'Acteurs mal-ornés chargeant un tombereau,
> Amusa les Passants d'un Spectacle nouveau.

Après Thespis, le Poëte *Eschyle*, né à Athenes la premiere année de la soixantieme Olympiade (c'est-à-dire, l'an du Monde 3465), fit d'autres changements à la Tragédie; il donna des masques à ses Acteurs, les revêtit de robes traînantes, & leur donna une espece de chaussure nommée *Brodequins*: il donna une certaine gravité au style de la Tragédie;

(1) Voici un Prologue de ces Pieces parvenu jusqu'à nous: *Mortels, préparez-vous à voir par les yeux de l'ame l'Arbitre de l'Univers; il est unique; il existe par lui-même, & tous les êtres doivent à lui seul leur existence: il étend par-tout son pouvoir & ses œuvres: il voit tout, & ne peut être vu des Mortels.*

& au lieu du Char ou Théatre ambulant de Thespis, il fit construire une espeçe de Théatre, ou, pour mieux dire, de Scène exhaussée, où les Acteurs monterent pour représenter ces Tragédies; & alors, dit Despréaux, en parlant de l'origine de la Tragédie:

> Eschyle dans les chœurs jetta les personnages,
> D'un masque plus honnête habilla les visages,
> Sur les ais d'un Théatre en public exhaussé,
> Fit paroître l'Acteur en brodequins chaussé.

Autour, ou, pour parler plus juste, en face de la scène d'Eschyle, on construisit des siéges placés sur des échaffauds de bois, qui furent les premiers Théatres permanents des Grecs; on en fit usage jusqu'au temps du Poëte comique *Crastinus*, un des fondateurs de la Comédie ancienne, vers l'an du Monde 3564, ou la quatre-vingt-quatrieme Olympiade, qu'on commença à construire à Athenes un Théatre permanent & durable, & cela, parce que le Théatre de bois s'écroula sous les Spectateurs, soit par vétusté, ou parce qu'il étoit trop chargé de leur poids.

THÉATRE D'ATHENES *ou* DE BACCHUS.

Le Théatre d'*Athenes*, connu sous le nom de *Théatre de Bacchus*, fut construit sous la conduite de Philon, fameux Architecte de ce temps. Il étoit situé au bas de la citadelle d'Athenes, & construit en marbre blanc; il avoit de largeur, sur son plus grand diametre, pris extérieurement, 247 pieds de France. Le lieu de la scène ou le plus grand diametre de l'orchestre en avoit 104: reste 143 pieds pour les deux espaces de gradins où se plaçoient les Spectateurs, & pour les deux murs, qui avoient chacun 8 pieds 3 pouces d'épaisseur.

Ce Théatre différoit de ceux qu'on a construits dans la suite, en ce que ces gradins n'étoient pas portés sur des voûtes, mais appuyés sur le penchant de la colline sur laquelle la citadelle d'Athenes étoit placée, & en ce qu'il n'avoit pas de portiques au-dessus des gradins, d'où les femmes pussent voir le Spectacle à l'abri de la pluie & du soleil.

Ce Théatre pouvoit contenir 30000 personnes, & fut, dit-on, achevé ou peut-être embelli par *Ariobarzane*, Roi de Cappadoce, & rétabli par l'Empereur *Adrien* vers l'an 875 de Rome & 124 de J. C.

C'est sur ce Théatre que furent représentées les belles Tragédies de *Sophocle* & d'*Euripide*, & les Comédies d'*Aristophane* & de *Menandre*, fameux Poëtes Grecs, dont on y voyoit les portraits.

Ce fut aussi dans ce dernier que le Peuple d'Athenes vint s'assembler à la premiere nouvelle de l'irruption de Philippe, Roi de Macédoine, sans avoir été mandé par le Magistrat, comme c'étoit la coutume.

L'ODÉON.

Il y avoit encore à Athenes un autre Théatre nommé l'*Odéon*, du mot *Ode*, qui signifie *Chanter*, parce qu'il étoit particuliérement destiné à la musique. Ce Théatre fut construit à peu-près dans le même temps que celui de Bacchus. Ce fut *Périclès* qui gouverna Athenes depuis l'an du Monde 3556 jusqu'en 3576, où il mourut, qui le fit construire, & qui en fut, dit-on, l'Architecte.

Ce Théatre étoit d'une forme ovale par son plan, & construit en partie sur le roc & sur de gros blocs de pierres taillés. La partie qui étoit prise dans le roc, ne formoit pas précisément un demi-ovale, mais trois pans; & au-dessus du soubassement que formoient le roc & la bâtisse en pierres, s'élevoit une colonnade qui entouroit tout l'édifice, ou du moins sa plus grande partie. Ce Théatre étoit couvert contre l'ordinaire, afin de conserver mieux les sons de la voix & des instruments.

Périclès fit usage des mâts enlevés des navires pris sur les Perses, pour construire le comble de ce Théatre, & il le fit terminer en pointe pour imiter la tente de Xerxès.

Si l'on s'en rapporte au témoignage des Anciens, l'Odéon ne servoit qu'aux Jeux de musique, soit vocale ou instrumentale, établis par Périclès pour les Fêtes des Panathénées, où il fut lui-même nommé Juge & Distributeur des Prix. L'Odéon subsista jusqu'au temps de la guerre & de la prise d'Athenes par Sylla, l'an de Rome 665, la deuxieme année de la cent-soixante-douxieme Olympiade, 86 ans avant J. C. Alors *Aristion* qui commandoit dans Athenes, fit brûler le comble de cet édifice, de crainte qu'il ne s'en servît pour assiéger la citadelle où il s'étoit retiré; mais l'Odéon fut rétabli dans la suite par Ariobarzane Philopator, deuxieme du nom, Roi de Cappadoce.

THÉATRE DE SPARTE.

Il y avoit aussi un Théatre à *Sparte*, autrement dit *Lacédémone*, dont la construction étoit postérieure à celui d'Athenes: c'étoit un des plus beaux édifices de la ville. Il étoit construit en marbre blanc un peu gris; ses murs sont d'une belle pierre grise, taillée rustiquement; du reste, sa disposition est à-peu-près semblable à celui d'Athenes, & il avoit 500 pieds ou 250 pas ordinaires, dans sa plus grande largeur, & avoit cela de particulier, que les siéges étoient creux sur leur largeur, & plus bas du devant que du derriere.

C'est dans ce Théatre que les Lacédémoniens étoient assemblés pour la célébration des jeux Gymniques, lorsqu'on vint leur apprendre la nouvelle de la bataille de Leuctres, où leurs Concitoyens furent défaits par les Thébains, l'an du Monde 3634; & ce qu'il y a de surprenant, c'est que cette fâcheuse nouvelle n'interrompit point les Jeux; mais aussi n'y avoit-il qu'une Sparte. J'ai dit plus haut que c'étoit à Athenes qu'on avoit construit le premier Théatre permanent, cependant il y a dans l'ancien Royaume d'Argos un Théatre, dont les gradins de marbre étoient simplement placés dans le creux d'une montagne, qui se trouvoit disposée naturellement pour cet usage. Ce dernier étoit-il antérieur à celui d'Athenes? c'est ce que j'ignore: quoi qu'il en soit, celui d'Athenes est le plus ancien dont les Auteurs fassent mention, & c'est presque le seul, avec celui de Sparte, dont il reste des vestiges assez considérables pour pouvoir bien juger de leurs formes & de leurs grandeurs.

Athenes & Sparte, ou, plus certainement, Athenes, furent les premieres villes de la Grece où furent construits des Théatres permanents; bientôt toutes les villes Grecques & leurs Colonies en firent construire, de sorte qu'il y eut presque autant de Théatres que de villes, & ils furent plus ou moins grands & magnifiques, selon le nombre des Citoyens & l'opulence des villes. Il ne nous reste presque plus aucuns vestiges de tous ces Théatres, si ce n'est de ceux dont j'ai parlé ci-dessus; le temps, & encore plus les guerres, & souvent un zele de Religion mal entendu, les ayant tous détruits, ainsi que ces mêmes villes dont il faisoient l'ornement.

Le seul de ces Théatres qui nous ait été conservé presqu'en entier, est celui d'Herculanum, Colonie Grecque dans la Campanie, au Royaume de Naples, qui fut englouti sous les laves du Vésuve, la premiere année de l'Empire de Titus, le 24 Août, l'an du Monde 4083, 830 de Rome & la soixante-neuvieme de l'Ere Chrétienne, & qui fut retrouvé en 1711.

THÉATRE D'HERCULANUM.

Le Théatre d'*Herculanum* a 172 pieds de large hors-d'œuvre, sur 81 pieds 6 pouces de profondeur, en partant du devant de l'axe de l'ellipse qui forme le contour de son plan, & 94 pieds 6 pouces du devant du *Proscenium*, lequel a 66 pieds de largeur sur 17 de profondeur.

Ce Théatre a 19 rangs de gradins de 2 pieds de largeur, au-dessus desquels s'éleve un mur d'environ 6 pieds de hauteur, qui regne tout au pourtour; au-dessus de ce mur sont encore plusieurs rangs de gradins, interrompus par 6 piedestaux, dans lesquels étoient placés, dit-on, des vases d'airain, propres à augmenter & à renvoyer les sons, & sur lesquels étoient placées des statues équestres. Ce Théatre est vraiment d'une construction Grecque, du moins on peut en juger ainsi, par ce que ces gradins sont entourés par un simple mur & non par des portiques, & que son *Proscenium* est très-étroit, comme l'étoient ceux des Théatres Grecs, ainsi que je l'expliquerai en son lieu.

Cependant son orchestre est disposé comme ceux des Théatres Romains, n'ayant point d'autel pour les danses, comme ceux des Théatres Grecs; ce qu'on aura peut-être supprimé, pour se conformer aux usages des Romains, alors maîtres de toutes les villes Grecques. De plus, M. *Bélicard*, dans ses observations sur Herculanum, soupçonne qu'il y avoit une galerie au pourtour de ce Théatre; cette galerie ainsi que les changements faits à l'orchestre, pourroit bien être des augmentations qu'on y aura faites dans des temps postérieurs à son érection. Au reste, ce Théatre peut être considéré comme un de ceux de la moyenne grandeur, ainsi qu'il convenoit à une ville telle qu'Herculanum, qui, quoique très-ancienne, n'étoit pas d'une très-grande étendue.

SECTION SECONDE.

Des Théatres Romains.

J'AI dit plus haut que les Jeux du Cirque étoient les plus anciens que les Romains ayent connus; ceux nommés *Scèniques* ou du Théatre ne furent en usage à Rome que vers l'an 390 de sa fondation, & ce fut un motif de Religion qui y donna lieu. La peste ravageoit la ville de Rome depuis quelque temps; on avoit déja employé divers moyens pour appaiser la colere des Dieux; on imagina de donner des Jeux Scèniques, pour arrêter ce fléau, qui ne cessa cependant point, puisqu'on eut recours ensuite à la cérémonie d'enfoncer le clou.

Quoi qu'il en soit, depuis ce temps les Jeux Scèniques furent en usage à Rome: ils furent d'abord simples & grossiers; & ce ne fut que plus de 100 ans après, que le Poëte *Livius Andronicus* leur donna une forme plus réguliere, vers l'an de Rome 512, 240 ans avant l'Ere Chrétienne.

Avant & même depuis ce Poëte, il n'y avoit pas de Théatre permanent à Rome. Les Ediles (Magistrats) dont l'emploi répond à celui de nos Echevins de Ville, en faisoient construire un tous les ans à leurs frais, ou davantage, si cela étoit nécessaire; mais ces Théatres n'étoient que de bois, & ne devoient durer qu'un mois.

THÉATRE DE SCAURUS.

Le plus magnifique de ces Théatres dont l'Histoire fasse mention, fut celui que l'Edile M. *Scaurus* fit construire sous le Consulat de *Pison* & de *Gabinus*, l'an de Rome 694.

La scène de ce Théatre étoit un bâtiment à trois étages, dont le premier étoit de marbre, le second de verre ou de crystal, & le troisieme de bois doré.

La décoration de cette façade étoit composée de 360 colonnes de marbre, le plus rare qu'on eût pu trouver; celle de l'étage inférieur avoient 38 pieds de haut, & les autres à proportion. On avoit placé entre ces colonnes 3000 statues de bronze & une infinité de tableaux, & sur-tout de ceux de Sicyone, qui passoit pour la plus célèbre Ecole de Peinture de la Grece. La partie de l'édifice qui devoit contenir les Spectateurs, ou le Théatre proprement dit, étoit aussi très-richement décorée, & assez grande pour contenir 80000 personnes.

Enfin les tapisseries & les habits des Acteurs étoient d'une si grande richesse & en telle quantité, que le superflu qui en resta, après que Scaurus en eut orné sa maison de Rome, fut porté à sa maison de campagne de Tusculum. Cette maison ayant été brûlée, on en estima la perte à cent millions de sesterces, c'est-à-dire, 12500000 livres de notre monnoie; dépense énorme, sans doute, & qui cependant n'étoit pas comparable à celle que la construction du Théatre avoit coûté, & dont elle ne faisoit peut-être que la moindre partie.

Une profusion de cette espece trouva sans doute peu d'imitateurs, du moins du temps de la République, les uns étant trop raisonnables pour faire une aussi folle dépense, & les autres n'en ayant pas le moyen. *Curion* fut de ces derniers; car ayant dissipé ses biens en folles dépenses, & voulant faire construire un Théatre pour donner des Jeux au peuple, après la mort de son pere, il imagina un Théatre qui fut aussi extraordinaire par sa construction, que celui de M. Scaurus l'avoit été par sa magnificence.

THÉATRE DE CURION.

Cet édifice fut construit sous le Consulat de *Sulpicius* & de *Marcellus*, l'an de Rome 701. C'étoient deux Théatres de bois, dont les Scènes étoient opposées l'une à l'autre, & construits de maniere qu'après avoir ôté ces dernieres, ou du moins reculé un peu, on faisoit tourner chaque Théatre (qui étoient à pivot) sur lui-même, pour former des deux ensemble un Amphithéatre dans lequel on donnoit des combats de bêtes & de gladiateurs.

Ces changements furent répétés plusieurs fois; &, comme le remarque un ancien Auteur, on ne sauroit trop admirer la hardiesse de l'inventeur d'un tel projet, & en même temps blâmer sa témérité, & plaindre la folie du peuple Romain, qui fut assez insensé pour s'exposer & même louer un projet qui le mettoit en danger de périr (1), s'il est vrai, comme plusieurs le prétendent, qu'après avoir vu les Jeux Scèniques dans les deux Théatres, on faisoit mouvoir ces derniers tout chargés des Spectateurs, pour leur donner le plaisir de ceux de l'Amphitéatre (2).

Les Théatres dont je viens de parler, furent construits en bois & pour un temps seulement; mais les Censeurs M. *Valerius Messala* & *C. Cassius Longinus*, ordonnerent la construction d'un Théatre en pierre, & par conséquent permanent, dans l'enceinte de la ville, où les Citoyens seroient assis & placés commodément. L'ouvrage étoit commencé & même fort avancé, lorsque *P. Cornelius Scipio Nasica*, alors grand Pontife, d'une sagesse & d'une probité reconnues, remontra au Sénat qu'un tel établissement étoit contraire aux mœurs anciennes; & sur ses remontrances le Sénat fit un décret ou la démolition de l'ouvrage commencé fut ordonnée, & qui défendoit en même temps qu'à l'avenir on construisit dans Rome, ou plus près de son en ceinte que de mille pas, aucuns Théatres permanents ou même des bancs ou siéges pour asseoir le peuple à la représentation des Jeux, & ordonna que le peuple y assisteroit de bout, selon l'ancienne coutume. Ce décret est du Consulat de *L. Anicius Gallus*, & de *M. Cornelius Cethegus*, l'an de Rome 592.

THÉATRE DE POMPÉE.

Le premier Théatre permanent qui fut élevé & souffert dans Rome, fut celui de

(1) Chacun de ces Théatres pouvoit contenir 30000 personnes.

(2) La forme & la construction du Théatre de Curion, a excité l'émulation de plusieurs Savants, pour parvenir à trouver les moyens dont on s'étoit servi, pour en faciliter les mouvements; les anciens Auteurs n'ayant rien dit à se sujet. M. le Comte de Caylus en a imaginé un très-ingénieux, dont on pourra voir les détails dans les Mémoires de Littérature, Tome XXIII; moyens dont je ne fais ici aucune mention, ne m'étant attaché qu'à la partie historique de ce Théatre, ainsi que de ceux dont j'ai déja parlé.

Pompée,

Pompée, auquel il joignit un Temple en l'honneur de Vénus Victorieuse ; aussi prévient-il, dans l'Edit par lequel il invitoit le peuple Romain à la dédicace de ce Temple, qu'il y avoit joint des degrés & des siéges pour la commodité de ceux qui assisteroient aux Spectacles qui faisoient partie de cette solemnité.

Pompée, tout puissant qu'il étoit, n'osoit pas parler nommément de son Théatre, craignant que cette nouveauté ne fût mal reçue de ceux qui étoient attachés à la pureté des mœurs & des coutumes anciennes.

Le Théatre de Pompée fut construit & dédié sous le second Consulat de *Cn. Pompeius Magnus*, & de *M. Licinus Crassus*, l'an de Rome 697, 54 ans avant l'Ere Chrétienne : il étoit très-vaste, & pouvoit contenir 40000 personnes. Ce fut Démétrius, affranchi de Pompée, qui en fit les frais ; il étoit, dit-on, plus riche que son maître.

Ce même Théatre fut détruit par le feu sous le regne de Tibere, l'an de Rome 773. Ce Prince, en le faisant rétablir, y laissa subsister le nom de Pompée, & on y plaça la statue de Séjan, favori de Tibere, qui, par ses soins, avoit arrêté les progrès de l'incendie. On trouve encore quelques restes de ce Théatre dans les écuries du Palais Orsini ou Palais Pio, qui fut construit sur ses ruines vers l'an 1440, par le Cardinal François Condolmiere.

THÉATRE DE MARCELLUS.

Le Théatre de *Marcellus* fut construit par Auguste en l'honneur de Marcellus, fils d'Octavie sa sœur, & par conséquent son neveu ; & la dédicace en fut faite l'an de Rome 741.

Ce Théatre avoit 378 pieds 2 pouces de diametre dans sa plus grande largeur, & 255 pieds de profondeur jusqu'au devant de la scène. L'orchestre avoit 180 pieds 4 pouces de diametre, & chaque partie de gradins, avec le portique, avoit 98 pieds 11 pouces.

La scène avoit 247 pieds 4 pouces de largeur sur 66 pieds 6 pouces de profondeur, en supposant que le *proscenium* vînt jusqu'au centre du Théatre, qui pouvoit contenir plus de 30000 personnes. L'extérieur de ce Théatre étoit décoré de deux Ordres d'Architecture, l'un Dorique & l'autre Ionique ; les colonnes de ces Ordres étoient engagées dans le mur, un peu moins que de la moitié de leur diametre, & étoient distantes d'axe en axe, de 15 pieds un pouce 6 lignes.

Entre chaque colonne il y avoit des arcades servant à éclairer les corridors & promenoirs intérieurs. La hauteur totale de l'édifice étoit de 60 pieds 10 pouces 3 lignes, sçavoir 23 pieds 7 pouces pour la colonne Dorique, qui a 3 pieds de diametre, 5 pieds 7 pouces ½ pour son entablement, 3 pieds 8 pouces ½ pour le piedestal de l'Ordre Ionique ; 21 pieds 11 pouces pour la colonne Ionique, qui a 25 pouces 3 lignes de diametre, & 6 pieds 3 lignes pour son entablement. Il ne reste de cet édifice que quelques parties du mur & des portiques extérieurs, qui encore sont enterrés par le pied ; les gradins & le lieu de la scène, étant absolument détruits depuis très-long-temps. Cependant lorsque Baltazar de Perugia, Architecte, qui vivoit du temps de Raphaël, c'est-à-dire, en 1516 ou environ, construisit le Palais de Savelli, à présent Orsini, il en existoit encore assez de parties entieres pour que cet Architecte ait pu en lever les plans ; ce qu'il fit avant que d'achever de détruire les restes de ce Théatre, sur l'emplacement duquel ce Palais est bâti.

C'est d'après le plan de Baltazar de Perugia, qu'on conserve au Palais de Savelli, que feu M. Desgodets nous a transmis le plan de ce Théatre, qui étoit un des plus beaux édifices de Rome, & dont les restes font regretter la perte d'un monument qui sembloit être fait pour passer à la postérité la plus reculée, & qui a été détruit moins par le temps que par la fureur & l'ignorance des hommes.

LE COLYSÉE.

Avant de terminer ce qui concerne les Théatres des Romains, j'ai cru ne pouvoir me dispenser de dire un mot de l'Amphithéatre de Rome, connu sous le nom de *Colisée* ; non pas que cet édifice ait aucun rapport avec le sujet que je traite ; mais pour faire voir jusqu'à quel point les Romains poussoient la magnificence, lorsqu'il s'agissoit des édifices publics.

Le plan de cet édifice est un ovale de 579 pieds 10 pouces de longueur sur 481 pieds de largeur ; son arêne avoit 263 pieds 11 pouces, sur 165 pieds 1 pouce ; sa hauteur extérieure étoit de 156 pieds 1 pouces 3 lignes : elle étoit décorée de 4 Ordres d'Architecture, un Dorique, un Ionique, un Corinthien, tous trois *Colonnes*, & le quatrieme Corinthien ; ce dernier étoit *Pilastre* : les gradins intérieurs montoient jusqu'à la hauteur du troisieme Ordre & pouvoient contenir 87000 Spectateurs.

Cet édifice fut construit par l'Empereur Vespasien, & terminé par Titus son fils, après ses victoires sur les Juifs. Il fut détruit en partie par les Barbares, qui, sous la conduite de Totila, Roi des Huns, (c'étoit en 546) prirent & saccagerent Rome ; ils enleverent les bronzes du Colisée & le dégraderent en plusieurs endroits. Les Rois Goths, qui régnerent ensuite en Italie, permirent d'en enlever les pierres pour bâtir ailleurs ; ensuite le Pape Paul II, & les Cardinaux Raphaël, Mario & Farnèse, en détruisirent d'autres parties pour se faire des Palais. Quoi qu'il en soit, malgré ces enlévements & le ravage de tous ces Barbares, les restes de ce monument qui existent encore, étonnent par leur grandeur, & semblent n'avoir résisté au laps de tant de siecles, que pour faire passer à la postérité la magnificence des anciens Romains & la honte de ceux, qui, comme à l'envi, détruisirent leurs ouvrages.

En 1540, du temps de Fulvius, on jouoit dans cet Amphithéatre les Mysteres de la Passion ; on y construisit ensuite une petite chapelle; & en 1750 le Pape Benoît XIV y en fit construire d'autres, & défendit qu'on dégradât davantage cet édifice.

Les Théatres Romains dont je donnerai plus bas la description détaillée, étoient, comme on l'a pu voir, d'une vaste étendue, & construits avec la plus grande solidité: lorsqu'on en faisoit, usage on les décoroit avec beaucoup de splendeur, sur-tout sous le regne des Empereurs, où cette magnificence fut portée jusqu'à l'excès. Ce n'étoient par-tout que riches tapis, que tableaux, vases & figures sans nombre & sans prix, dépouilles de la Grece & de l'Asie ; mais bientôt ils devinrent la proie des Barbares qui détruisirent l'Empire Romain, du moins en Occident (1).

A l'exemple de la Capitale, toutes les villes de l'Empire, du moins celles qui étoient un peu considérables, eurent des Théatres ; mais soit qu'ils fussent peu solidement construits, ou qu'on les ait abattus dans la suite, il n'en reste presque plus de vestiges. Les ruines qu'on trouve en France & ailleurs, n'étant pour la plupart que des restes d'Amphithéatres, dont j'ai parlé ci-dessus, & dont les jeux devinrent par la suite le plaisir favori des Romains. Cependant les Jeux Scèniques furent long-temps en usage ; car du temps de Dioclétien, vers l'an 300 de J. C. on jouoit encore des Comédies de Plaute.

Lorsque dans le quatrieme siecle la Religion Chrétienne fut devenue celle du Prince, les Théatres devinrent moins fréquentés, parce qu'ils furent défendus aux Chrétiens; ce qui engagea S. Grégoire de Nazianze à faire construire un Théatre où l'on représenta des sujets de dévotion (2). Cependant le goût des Comédies anciennes se conserva encore quelque temps dans les Gaules ; car le Poëte Ausone, qui mourut l'an 394, fait mention d'une Comédie d'Axius Paulus, intitulée: *Délirus* ou *l'Extravagant*, qui fut jouée dans sa maison, où étoit le Théatre le plus ordinaire des piéces de ce Poëte, ami d'Ausone, & qui avoit composé plusieurs Tragédies & Comédies qui furent jouées sur le même Théatre.

Section Troisieme.

Des Théatres François.

Les Gaules assujetties à l'Empire des Romains depuis près de cinq siecles, avoient pris une partie des mœurs & des usages de leurs vainqueurs. Les Arts & les Sciences florissoient dans cette belle partie de l'Europe, lorsque le commencement du cinquieme siecle vit arriver la fameuse révolution, qui changea la face de l'Europe, & détruisit l'Empire Romain en Occident.

Les Peuples du Nord, connus sous le nom de Huns, de Goths & de Francs, s'étant rendus les maîtres de cette partie de l'Empire, tous les Arts furent anéantis, ou prirent la fuite devant ces farouches vainqueurs ; Rome fut prise & pillée, ses édifices publics détruits, & ses Citoyens faits esclaves ou dispersés. On vit alors se former de nouveaux Royaumes sous le nom de Goths, de Bourguignons, & de Francs : ces derniers firent leur irruption vers l'an 420, & les Gaules qu'ils conquirent prirent le nom de France, du moins en partie.

Cette nouvelle domination fut l'époque de la chûte des Arts. Les Francs qui n'en connoissoient d'autres que celui de la guerre, les chasserent, ou du moins les négligerent : alors tout fut plongé dans l'ignorance & la rusticité, & les Francs ne conserverent des Spectacles Romains, que ceux qui étoient analogues à la férocité de leur caractere ; c'est-à-dire, les jeux de l'Amphithéatre, comme les combats d'animaux ou de gla-

(1) Ce fut le Consul L. Mummius, qui, après la prise de Corinthe, fit apporter à Rome quantité d'effets précieux, comme des tableaux, des vases, &c. dont il orna les édifices publics de la ville, & entr'autres les Théatres : environ l'an de Rome 606, & la troisieme année de la cent-cinquante-huitieme Olympiade.

(2) Saint Apollinaire en fit autant, comme nous l'apprend Sozomene dans son Histoire Ecléfiastique, les sujets de ces Piéces étant des faits tirés de l'ancien & du nouveau Testament ; ce qui prouve que les Mysteres qui ne furent connus en France qu'au commencement du quatorzieme siecle, étoient d'une invention beaucoup plus ancienne que celle qu'on leur donne ordinairement.

diateurs, auxquels ils prenoient beaucoup de plaisir, & où ils se mêloient quelquefois eux-mêmes.

L'usage de ces sortes de divertissements se conserva long-temps en France ; car en 577, Chilperic I fit bâtir une espece d'Amphithéatre à Paris, dans l'endroit qui est présentement occupé par la maison & la rue des Peres de la Doctrine, qui auparavant se nommoit le *Clos des Arênes*.

Pepin le Bref faisoit combattre des lions contre des taureaux; & Philippe de Valois acheta une grange, rue Froidmanteau, pour y mettre des lions, des ours, & des taureaux.

Il y avoit à l'Hôtel de Saint-Paul des bâtiments où étoient renfermés les lions du Roi. Ce ne fut que sous Henri III, l'an 1583, que cet usage fut totalement aboli à la Cour. Ce Prince ayant fait tuer à coups d'arquebuse les lions, les ours, & les taureaux qu'il gardoit au Louvre pour les faire combattre contre des dogues.

On a conservé jusqu'à présent une legere image de ce singulier & brutal spectacle, puisqu'il y a à Paris un lieu au-dessus de l'Hôpital Saint-Louis, près du vieux chemin de Pantin, où l'on fait combattre des bêtes les unes contre les autres.

Les Peuples des Gaules, partagerent peu-à-peu les goûts & les plaisirs de leurs nouveaux vainqueurs ; alors les Théatres disparurent (à quoi servit beaucoup un esprit de religion peu éclairé & mal entendu) & furent ignorés de la Nation pendant plus de sept siecles, après lesquels on les vit reparoître ; mais bien différents de ce qu'ils avoient été chez les Grecs & chez les Romains.

Ce fut en Italie que l'idée des Spectacles, ou du moins de quelque chose d'approchant, commença à renaître, puisque vers l'an 508, Clovis envoya demander à Théodoric, Roi des Ostrogots, un Pantomime, qui à son art joignit celui de la Musique. Ces Mimes, connus sous le nom général d'Histrions ou Farceurs, furent l'amusement des Rois de la premiere Race, & se répandirent dans les provinces, où ils furent également goûtés. Leurs représentations grossieres, & souvent malhonnêtes faisoient les délices du peuple : cependant comme leur liberté dégénéra en licence, Charlemagne, par une Ordonnance de 789, les bannit de ses Etats, & on n'en entendit plus parler sous les Rois de la seconde Race.

Les troubles qui agiterent la France & tout le nouvel Empire d'Occident après la mort de Charlemagne, firent encore disparoître les Arts que ce Prince avoit rappellés ; tout fut replongé dans l'ignorance & la barbarie ; & si les François eurent encore quelque goût pour les Spectacles, ce ne fut que pour ceux qui s'accorderent avec l'esprit du temps, c'est-à-dire, avec la Religion, non dans sa pureté, mais mêlée d'ignorance & d'absurdités : delà ces fêtes des Fous & des Anes, qui subsisterent si long-temps au grand scandale de la Religion, malgré les efforts que firent les Prélats pour les détruire, entre autres Eudes de Sully, Evêque de Paris, qui les défendit par un Mandement de l'année 1198. Malgré ces efforts, ces sortes de Spectacles durerent jusqu'en 1571, où ils furent entiérement abolis (1)

Ce fut au Midi de la France que les Beaux-Arts commencerent à renaître; car en 998 Constance, fille de Guillaume I, Comte de Provence, ayant épousé Robert fils de Hugues Capet, elle amena à sa suite des Danseurs & des Farceurs, qui étoient dans ce temps inconnus à la Cour de France ; mais leurs Jeux étoient encore barbares & même obscènes, & ce ne fut que vers l'an 1080 que les Poëtes Provençaux commencerent à paroître. Ces Poëtes connus sous le nom de *Trouveres* ou *Troubadours* (c'est-à-dire, *Inventeurs*) composoient diverses sortes de piéces, comme les Syrventes qui étoient ou des louanges ou des satyres, des Tensons, qui étoient des questions délicates sur l'amour, & des Comédies qu'ils nommoient aussi Tragédies. Ces piéces étoient des especes de Dialogues rimés, qu'ils alloient représenter à la Cour des Princes, où ils étoient très-bien reçus & souvent comblés de riches présents. Louis le Jeune, en 1147, en emmena avec lui à son voyage de la Terre-Sainte. L'Empereur Frédéric I, en fit venir à sa Cour, & Richard Cœur-de-lion, Roi d'Angleterre, s'en attacha un, nommé *Anselme Faydit*, natif d'Avignon, Auteur d'un nombre de Comédies, & mort l'an 1220. Ce dernier fit disposer un lieu propre à représenter

(1) Ces Spectacles, ou, pour mieux dire, ces indécentes Orgies, se donnoient dans les Eglises, où une troupe de gens entroit pêle-mêle & interrompoit le Service : ils élisoient entr'eux un Pape & des Officiers Ecclésiastiques, mangeoient indécemment sur l'autel, brûloient des ordures dans l'encensoir, & faisoient d'autres extravagances qu'il seroit trop long de rapporter ici. Au sortir de l'Eglise, ils se promenoient dans des charriots, & montoient sur des échafauds où ils chantoient des chansons, & faisoient des postures aussi indécentes que ridicules : c'étoit non-seulement le Peuple, mais encore le Clergé qui donnoient dans de pareilles absurdités ; tant étoit grande l'ignorance & la grossiéreté de ces temps-là.

ses Comédies, & recevoit l'argent que les Spectateurs donnoient à la porte : ce fut-là le premier Théatre public en France. Les Poëtes Troubadours régnerent jusque vers l'an 1382, époque de la mort de la Reine Jeanne de Naples, connue dans l'Histoire Moderne par ses déréglements & par ses malheurs.

Dans le même temps parurent les Conteurs, les Chanteurs & les Jongleurs ; les premiers faisoient des Romans rimés & non rimés ; les Chanteurs chantoient les Poésies des Troubadours, & les Jongleurs qui étoient les plus anciens de tous (puisqu'ils étoient connus du temps de l'Empereur Henry II, en 1056) jouoient des instruments. Les Jongleurs furent ensuite divisés en Jongleurs proprement dits & en Joueurs ; ces derniers ne faisoient que des tours de souplesse & des gesticulations ridicules ; quelquefois ils employoient des singes dans leurs jeux : par la suite, ils firent des tours de force avec des épées & d'autres armes, des sauts périlleux, & furent nommés *Bâteleurs* : de là vient l'origine des Danseurs de corde.

Ces especes de Spectacles eurent le sort de tous ceux de ce temps, c'est-à-dire, que la liberté de leurs Acteurs dégénéra en licence, ce qui obligea Philippe Auguste, associé à la Couronne par Louis VII son pere, en 1179, de donner un Edit par lequel il bannit du Royaume les Bâteleurs & Farceurs, dont les Jeux corrompoient les mœurs.

Sous le regne de S. Louis, en 1262, les Spectacles des Jongleurs étant plus décents, ils furent soufferts, & ils demeurerent à Paris, dans une rue qui porta leur nom : c'est aujourd'hui la rue S. Julien des Ménestriers.

Ces derniers, c'est-à-dire les Ménestriers, ou comme on disoit dans ces temps, les Ménestrels, étoient des especes des Jongleurs, qui ne s'occupoient qu'à jouer des instruments de musique ; ils furent très-considérés des Princes, qui les appelloient à toutes les fêtes. Charles V les protégeoit beaucoup : ils formerent des Compagnies dans les grandes villes, & plusieurs de nos Rois leur donnerent des statuts ou confirmérent ceux qu'ils avoient.

A la fin du onzieme siecle (c'étoit en 1095) un événement fameux dans notre Histoire, les Croisades, changerent la face de l'Europe & donnerent naissance à l'ancien Théatre François, qui, cependant, ne prit de forme constante qu'en 1398, c'est-à-dire, plus de 300 ans après. Ces fameuses expéditions pendant plus de deux siecles occuperent tous les esprits, & furent, si j'ose le dire, la maladie épidémique du temps ; les Poëtes les célebrerent à l'envi ; de là cette foule de Romans du douzieme & du treizieme siecles, qui, pour la plupart, étoient des mélanges bizarres, d'absurdités, de dévotion & galanterie, présentement inconnus, du moins pour la plus grande partie.

Pendant l'intervalle des Croisades, & après qu'elles eurent cessé, vers l'an 1300, on imagina d'aller en pélerinage à la Terre-Sainte & en d'autres endroits de la Chrétienté, comme à S. Jacques de Compostelle, au Mont S. Michel, &c. Au retour de ces voyages, les Pélerins racontoient dans les villes par où ils passoient, les particularités des lieux où ils avoient été ; d'autres les chantoient ; ce qui fit un nouveau Spectacle, qui amusoit d'autant plus la Nation, que tous les esprits étoient portés à la dévotion des Croisades & des pélerinages, dont on vouloit du moins se représenter l'idée.

On ne connut plus alors d'autre plaisir que les représentations des Mysteres, c'est-à-dire, les relations des Croisades & les cantiques des Pélerins mis en actions. D'abord ces Mysteres ne furent représentés que dans les places publiques & dans les rues, sur-tout pour des fêtes d'éclat, comme les entrées des Rois, leur Couronnement, &c ; ensuite on les représenta dans des lieux fermés, & de continu les Fêtes & Dimanches. Telle fut l'origine de l'ancien Théatre François, qui, *jusqu'à ce* temps, avoit été un plaisir ignoré de la Nation, ainsi que le dit Despréaux, dans son Art Poétique, *Chant troisieme.*

> CHEZ nos dévots Ayeux le Théatre abhorré
> Fut long-temps dans la France un plaisir ignoré.
> De Pélerins, dit-on, une troupe grossiere
> En Public à Paris y monta la premiere,
> Et sottement zélée en sa simplicité,
> Joua les Saints, la Vierge & Dieu par piété.

Les premieres représentations de Mysteres dont l'Histoire de France fasse mention, furent faites l'an 1313 (1), sous Philippe IV, dit le Bel. Ce Prince fit publier une Croisade & donna le grade de Chevalier à trois de ses fils, ce qui occasionna de grandes fêtes qui furent données à la Pentecôte de cette année. Ces fêtes, auxquelles assisterent le Roi & la Reine d'Angleterre & un grand nombre de Seigneurs, furent

des

(1) Ces sortes de Spectacles étoient déja connus en Italie ; car dans un ancien Manuscrit de la ville de Padoue, il est dit qu'en 1243 on donna pour la fête de Pâques, sur la *Pradella valle* (grande place de la ville) une représentation des Souffrances de la Passion, & de la Résurrection de J. C. Ces mêmes Spectacles furent imités en Toscane vers l'an 1273.

des plus superbes, & entr'autres divertissements, on représenta dans les rues de Paris sur des Théatres couverts, de superbes Courtines, des Mysteres, où on vit Dieu manger des pommes, les Anges, les Bienheureux, les Démons, les Damnés, différents sujets de l'Ecriture Sainte, le martyre de plusieurs Saints, &c.

En 1378, l'Empereur Charles IV & le Roi des Romains étant venus à la Cour de France, Charles V, qui régnoit alors, leur donna un superbe festin dans la grande salle du Palais, où il y eut de très-beaux entremêts; on nommoit ainsi des représentations de Théatre, exécutées dans la salle du festin, lesquelles représentoient des villes & des forteresses, attaquées & défendues en présence de la compagnie; des vaisseaux qui marchoient par le moyen de machines cachées, &c; ces entremêts étoient quelquefois terminés par des danses que formoient les Combattants & les autres Acteurs de ces sortes de Spectacles.

Quelquefois on y représentoit des Mysteres, comme au repas qui suivit la cérémonie du Sacre de Charles VI, en 1380, où l'on représenta des Mysteres d'une nouvelle invention, c'est-à-dire, ornés de quelques décorations extraordinaires. A l'Entrée de ce même Prince à Paris, & à celle d'Isabelle de Baviere son épouse, en 1389, on représenta des Mysteres dans les rues de Paris.

La coutume de représenter des Mysteres dans les rues, aux Entrées des Princes & Princesses, subsista jusqu'en l'an 1530, à l'Entrée de la Reine Eléonore d'Autriche, seconde femme de François I: ce sont les derniers dont l'Histoire fait mention; encore les pieces qu'on y donna, quoique sous le nom de *Mysteres*, n'étoient pas des sujets de piété, mais des sujets allégoriques, de morale & de la fable.

Les premiers Mysteres représentés dans les fêtes publiques, n'étoient souvent que des scènes muettes, qui cependant faisoient beaucoup de plaisir à nos Ayeux. Ce goût général pour ces sortes de Spectacles, donna naissance à une Société de Bourgeois qui s'imaginerent de donner un Spectacle réglé: les premiers essais qu'ils firent fut à Saint-Maur-les-Fossés, près Paris, où ils représenterent la Passion de J. C. d'où cette Société prit le nom de *Confreres de la Passion*. L'affluence des Spectateurs fut très-grande aux premieres représentations qu'ils donnerent; mais le Prévôt de Paris interdit ces nouveaux Spectacles par une Sentence du 3 Juin 1398. Les Associés s'adresserent alors au Roi Charles VI, qui, ayant assisté à plusieurs de leurs représentations, & en ayant été satisfait, leur donna des Lettres datées du mois de Décembre 1402, qui autorisent leur établissement, & où les Associés sont qualifiés de Maîtres & Gouverneurs de la Confrairie de la Passion & de la Résurrection de Notre Seigneur J. C. fondée en l'Eglise de l'Hôpital de la Trinité, &c.

Après avoir obtenu ces Lettres, ils louerent une des salles de l'Hôpital de la Trinité appartenant aux Religieux d'Hermieres, pour y représenter leurs Mysteres. Cette salle avoit 21 toises de longueur, sur 6 de largeur; elle étoit élevée au-dessus du rez-de-chaussée, & soutenue par des arcades: ils y firent construire un Théatre, qui fut le premier Théatre permanent construit à Paris.

Ce nouveau Spectacle fut si fréquenté, qu'on fut obligé d'avancer l'heure des offices, afin que le peuple ne manquât pas d'y assister: il subsista à l'Hôpital de la Trinité jusqu'en 1539, qu'il fut transféré à l'Hôtel de Flandre, situé rue Coquilliere, où il resta jusqu'en 1543. François I ayant ordonné la démolition des Hôtels de Flandre, d'Arras, d'Etampes & de Bourgogne, les Confreres de la Passion acheterent alors une partie de ce dernier, pour y faire construire un Théatre. Cette portion de terrein qu'ils acheterent, étoit une masure de 17 toises de profondeur sur 16 de largeur, tenant d'un côté à la rue neuve Saint François, à présent rue Françoise, & avoit une issue dans la rue Mauconseil: c'est à ce même Théatre, connu sous le nom de *l'Hôtel de Bourgogne*, que sont actuellement les Comédiens Italiens, qui, après leur retour en France, y furent placés par M. le Régent, en l'année 1716 (1).

Paris ne fut pas la seule ville du Royaume où l'on représenta des Mysteres. Les villes de Metz, de Rouen, d'Angers, de Poitiers, de Saumur, de Bourges & autres, se signalerent à l'exemple de la Capitale, & la surpasserent même pour la magnificence, comme on le verra en son lieu.

(1) Les Comédiens Italiens étoient en France du temps de Henri III, qui les avoit fait venir de Venise; alors on les nommoit *Gebosi*: ils jouerent aux Etats de Blois en 1577, & ensuite sur le Théatre du petit Bourbon; &, malgré l'Arrêt du Parlement de 1548, qui, conformément aux priviléges des Confreres de la Passion, défendit toute espece de Théatre dans Paris, ils s'y conserverent jusqu'en 1700, où ils furent tout-à-fait expulsés.

A Paris, les succès des Confreres de la Passion, exciterent l'émulation des Clercs de la Bazoche ou du Palais ; mais comme ils étoient gênés par le privilége exclusif de ces derniers, ils inventerent une autre espece de Spectacle, connue sous le nom de *Moralités*, qui étoient les vertus & les vices personnifiés. Les Bazochiens ne jouoient que trois fois l'an & aux fêtes publiques : ils inventerent par la suite des farces, especes de pieces satyriques, qui par la suite dégénerent en libelles diffamatoires, ce qui fit quelquefois interdire ce Spectacle. En 1437, après la rentrée de Charles VII à Paris, le Parlement leur permit de jouer des farces & sottises; mais il leur enjoignit d'en bannir la licence.

Le Spectacle de la Bazoche fut encore supprimé jusqu'en 1497, fin du regne de Charles VIII; mais Louis XII les réhabilita, & leur permit de jouer sur la Table de marbre du Palais; auparavant ils ne jouoient qu'au Châtelet ou dans des maisons particulieres.

Ce même Prince (Louis XII) favorisa aussi beaucoup les *Enfants sans-souci*; c'étoit une Société qui s'étoit formée à Paris sous le regne de Charles VI, vers l'an 1388; le chef de cette Société se nommoit *le Prince des Sots*, & les pieces qu'ils jouoient, *Sottises*. D'abord ces sottises étoient des especes de satyres & des peintures naïves & enjouées des folies humaines, & des avantures bisarres qui arrivoient dans la ville. Par la suite, ces pieces devinrent licencieuses, & ce ne fut qu'un assemblage de grossiéretés & d'obscénités, &, qui pis est, de libelles diffamatoires.

Les Enfants sans-souci se mêloient (ainsi que les Comédiens de la Grece & de l'ancienne Rome) de traiter des affaires d'Etat, comme on en vit un exemple le Mardi-gras de l'année 1511, où ils donnerent aux Halles (leurs Théatres ordinaires) une piece où le Pape Jules II, qui alors étoit en guerre avec Louis XII, fut joué sous le nom de *Prince des Sots*, *accompagné de Mere sotte*, qu'ils vouloient faire passer pour l'Eglise, en faisant allusion aux fureurs de ce Pontife, & aux vaines prétentions de la Cour de Rome sur le temporel des Rois.

Les Enfants sans-souci furent supprimés par Arrêt du Parlement de 1548; ou du moins ils étoient tellement tombés dans le mépris, qu'on n'en entendit plus parler depuis. Ils jouoient sur des Théatres élevés en public, & avoient une maison à eux appartenante, sise rue Darnetal, qu'on nommoit *la Maison des Sots attendants*. Les autres villes du Royaume avoient des Sociétés à peu-près semblables à celle des Enfants sans-souci. Dès le trézieme siecle, il s'étoit formé à Dijon une Société, appellée *Mere folle* ou l'*Infanterie Dijonnoise* : les personnages de cette Société, déguisés en Vignerons, & montés sur des charriots, ainsi que les Acteurs de Thespis, chantoient des chansons & des satyres sur les mœurs de leur temps, & disoient mêmes des injures aux passants ; d'où est venu le proverbe *dire une charretée d'injures*.

Cette Société étoit composée de toutes sortes de personnes; on y voyoit des Bourgeois, des Magistrats & même des Evêques: elle subsista jusqu'en 1630, où Louis XIII la supprima.

Le Spectacle des Confreres de la Passion, n'eut pas toujours le même succès : dès le temps du Théatre de la Trinité, on commençoit déja à s'en lasser, ce qui obligea les Confreres de la Passion à inviter les Enfants sans-souci de se joindre à eux, pour égayer leurs Spectacles, & par ce moyen rappeller les Spectateurs. Ce nouveau mélange fut nommé le *Jeu des Pois pilés*, & amusa durant quelques temps; mais la Nation devenant plus éclairée, cet assemblage monstrueux de dévotion & d'indécence révolta les gens sensés, de sorte que, lorsqu'ils eurent fait construire le nouveau Théatre de l'Hôtel de Bourgogne, en 1548, le Parlement confirma leurs priviléges ; mais en même-temps leur défendit de jouer à l'avenir aucunes pieces de piété ; leur donnant d'ailleurs la liberté de jouer toutes sortes de pieces profanes, pourvu qu'elles fussent licites & honnêtes.

Les Confreres de la Passion jouerent de ces dernieres pieces environ pendant 30 années, après lesquelles, soit scrupule ou incapacité, ils résolurent de louer leur salle & leurs priviléges à une troupe de Comédiens arrivés de Province, ce qu'ils firent l'année 1588 : cette nouvelle troupe prit alors le nom *de troupe de l'Hôtel de Bourgogne*.

Ce qui fit le plus de tort aux Spectacles de l'Hôtel de Bourgogne, fut la naissance de la bonne Comédie en Europe. Ce fut en Italie que ce Spectacle fut renouvellé des anciens par le Cardinal Bibiena, qui, en 1482, composa la Comédie de *la Calandra*. Trente ans après, c'est-à-dire en 1514, la premiere Tragédie moderne fut composée par l'Archevêque

Triffino : le titre de cette Tragédie étoit *Sophonisbe*, & elle fut jouée la premiere fois dans l'Hôtel-de-Ville de Vicence. Deux ans après, le Pape Léon X fit représenter à Florence, *la Rosamonda* du Baccelai, avec encore plus de magnificence que celle de Vicence.

Ce Pape, ainsi que tous les Princes de la Maison de Médicis dont il sortoit, étoit très-magnifique ; ils furent les restaurateurs des Beaux-Arts en Italie, & les protecteurs des Savants. Dans ce temps on jouoit encore des Mysteres & des farces en France, & ce ne fut que l'an 1552, que Jodelle composa une Tragédie, ayant pour titre *Cléopâtre captive*, & ensuite la Comédie *d'Eugénie*. La premiere de ces deux pieces fut jouée à l'Hôtel de Rheims, en présence du Roi Henri II & de toute sa Cour : cette même piece fut jouée ensuite dans la cour du Collége de Boncour.

A l'exemple de Jodelle, il se forma d'autres Poëtes dont les pieces furent jouées dans la Province ou dans des maisons particulieres de Paris, comme *la Trésoriere*, Comédie de Jacques Grevin, représentée au Collége de Beauvais en 1558 ; celle des *Ebahis*, qui fut représentée dans le même Collége en 1560, &c.

Ce fut, comme je l'ai dit plus haut, en 1588, que des Comédiens de Province acheterent le privilege & le Théatre de l'Hôtel de Bourgogne ; & depuis ce temps jusqu'à 1600, ils jouirent du privilege exclusif des Confreres de la Passion ; de sorte qu'il n'y avoit qu'un Théatre public à Paris : & ce ne fut qu'en 1596 qu'il fut permis d'établir des Théatres aux Foires de Saint Germain & de Saint Laurent ; car une troupe de Comédiens, qui, en 1584, s'étoit établie à l'Hôtel de Cluny, rue des Mathurins, ne put y rester que huit jours, le Parlement les ayant obligés de sortir de Paris.

Dans le temps que les Confreres de la Passion louerent leur privilege, il vint à Paris deux troupes de Comédiens, l'une de François, & l'autre d'Italiens ; ces derniers donnoient des Pantomimes comme les anciens Histrions ; mais ils furent également obligés de se retirer.

Ce ne fut qu'en 1600, qu'une troupe de Comédiens François vint s'établir à Paris, à l'Hôtel d'Argent, rue de la Poterie, proche la Grêve ; & malgré l'opposition des Comédiens de l'Hôtel de Bourgogne, elle sut se maintenir dans son nouvel établissement, en payant une redevance à ces derniers. Dans la suite, en 1620, les Comédiens de l'Hôtel d'Argent transporterent leur Théatre dans un jeu de paume, situé vieille rue du Temple au-dessus de l'égout, & ils prirent le nom de *la Troupe du Marais*.

Louis XIII étoit monté sur le trône en 1610, & quelques temps après le Cardinal de Richelieu parvint au ministere ; ce grand homme, à qui la France est en partie redevable de sa grandeur, favorisoit beaucoup les Lettres, qu'il honora d'une protection éclatante. Il encouragea les commencements du Théatre François ; & lorsqu'il fit bâtir le Palais Cardinal, à présent le Palais Royal, sur les desseins de Jacques le Mercier, il ordonna à cet Architecte de lui construire une petite salle dans l'intérieur du Palais, & une plus grande pour y représenter la Comédie de *Mirame*, qui étoit en partie de sa composition, & qui fut représentée sur ce Théatre en 1639 ; c'est dans cette salle qu'étoit l'Opéra, lorsqu'il fut brûlé en 1763.

Le Théatre de l'Hôtel de Bourgogne & celui du Marais, furent les seuls Théatres de Paris qui méritassent quelques considérations, jusqu'à ce que Moliere parut. Ce grande homme, qu'on peut à juste tire appeller le *Menandre François*, après avoir parcouru les Provinces, revint à Paris en 1658, où il représenta *Nicomede* sur un Théatre élevé dans la salle des Gardes du vieux Louvre. La permission de s'établir à Paris lui ayant été accordée, il partagea avec les Comédiens Italiens le Théatre du petit Bourbon ; ensuite Monsieur, frere de Louis XIV, dont sa troupe portoit le nom, lui donna la salle du Palais Royal, où il joua jusqu'à sa mort, arrivée le 17 Février 1673.

La mort de Moliere occasionna quelques changements aux Théatres de Paris ; & sur des différends survenus entre les trois troupes de Comédiens, le Roi ordonna que les Comédiens du Marais seroient réunis avec ceux du Palais Royal, sous le nom de *Troupe du Roi*, & qu'ils iroient s'établir dans le Théatre Guénégaut. Ce Théatre, qui jadis étoit un jeu de paume, étoit situé rue de Seine, en face de la rue Guénégaut, & avoit issue sur les fossés de Nesle : il avoit d'abord servi à Moliere, avant qu'il sortît de Paris ; on y avoit ensuite placé l'Opéra, qui, dans le temps dont je parle, fut transporté au Palais Royal à la place de la Comédie.

Les Comédiens firent l'ouverture de leur nouveau Théatre le Dimanche 9 Juillet

1673. En 1680, la troupe de l'Hôtel de Bourgogne leur fut réunie, & ils demeurerent au Théatre Guénégaut jusqu'en 1689; qu'ils vinrent s'établir rue des Fossés Saint Germain, dans un Hôtel qu'ils firent bâtir à leurs dépens. Ce dernier Théatre étant tombé en vétusté, les Comédiens furent placés le 23 Avril 1770 aux Tuileries, dans l'emplacement du Théatre de la salle des Machines de ce Palais, en attendant que l'on construise un Théatre François digne à la fois de la Nation & des chef-d'œuvres des grands Hommes dont les travaux ont enrichi la Scène Françoise.

Avant que de passer à la description des anciens Théatres, il est nécessaire de dire quelque chose de l'Opéra, Spectacle d'une invention moderne, & dont l'exécution a beaucoup influé sur le changement de la forme de nos Théatres.

Origine de l'Opéra.

L'Opéra, Spectacle mêlé de musique, de chants, de danses & de machines théatrales, prit naissance en Italie à la fin du quinzieme siecle, ou au commencement du seizieme. Les Papes Léon X & Clément VII, de la Maison de Médicis, eurent des Opéra à décorations & à machines. En 1516, Baltazar Perugia ou Perugi, renouvella les anciennes décorations du Théatre, pour jouer devant Léon X la Comédie de *la Calandra*, qui étoit en musique. En 1581, l'Opéra Italien commença à prendre une forme réguliere; & en 1637 il fut établi à Venise, où l'on n'épargna rien pour augmenter la magnificence de ce Spectacle. Les Machines du Théatre de Venise étoient très-belles; mais par la suite elles furent presque toutes supprimées.

En 1645, le Cardinal Mazarin fit venir des Acteurs d'Italie en France pour y donner des Opéra; le premier fut représenté sur le Théatre du petit Bourbon, en 1647. Ce nouvel Opéra avoit des Machines; & en 1650 on y joua *Andromede*, piece qui fut jouée depuis sur le Théatre du Marais.

Louis XIV donna des Lettres-Patentes au mois de Juin 1669, pour l'établissement des Académies de Musique, tant à Paris que dans les autres bonnes villes du Royaume; & cela, est-il dit dans ces Lettres, à l'exemple de l'Italie, de l'Allemagne & de l'Angleterre.

Le premier établissement fixe de l'Opéra, fut dans la grande salle de l'Hôtel de Nevers, où étoit auparavant la Bibliothéque de Mazarin, & où est actuellement la Bibliothéque du Roi.

En 1671, on le plaça dans le jeu de paume de la rue Seine, nommé le *Théatre Guénégaut*, dont j'ai parlé ci-dessus.

Et en 1673, l'Opéra fut placé dans la salle du Palais Royal, où il demeura jusqu'en 1763, où il fut brûlé. Depuis ce temps, on a reconstruit la salle & les bâtiments de l'Opéra au même endroit, sur les desseins de M. Moreau, Architecte du Roi & de la Ville : cette nouvelle salle fut finie en 1770.

Par tout ce que je viens de dire, il est aisé de voir que les progrès des Théatres furent très-lents en France, & on peut en dire autant de tous ceux du reste de l'Europe, tels que ceux d'Italie, d'Allemagne, d'Angleterre & d'Espagne, dont l'origine fut à peu-près la même, & qui ne prirent guere de forme constante que vers le quinzieme ou seizieme siecle.

Ce fut, comme je l'ai déja dit, en Italie, que la bonne Comédie des anciens fut renouvellée par le Cardinal Bibiena, en 1482; avant ce temps, on y jouoit des Mysteres & des farces, ainsi que dans tout le reste de l'Europe, où l'on ne connoissoit pas d'autres Spectacles. Cependant l'Allemagne semble avoir droit de prétendre à la primauté à ce renouvellement de la Comédie des anciens; car, sans parler des Poésies des Germains & des Bardes que Charlemagne fit recueillir, & que différentes causes firent oublier après la mort de ce Prince, dans le dixieme siecle une Chanoinesse de Gandersheim, nommée *Roswitha*, traduisit des Comédies de Térence, & composa des Tragi-Comédies sur des sujets de dévotion.

Théatre Allemand.

L'exemple de cette Fille savante n'eut point d'imitateurs, & depuis ce temps jusqu'à la fin du quinzieme siecle, il n'y eut point de Comédies en Allemagne; à leur place on y vit des Chantres d'amour, des Mysteres (représentés pas des Ecclésiastiques & des Ecoliers,) enfin des jeux de Carnaval, nommé *les Sans-souci*.

A la fin du quinzieme siecle, on commença à étudier la Comédie des anciens; car on fit imprimer à Ulm des extraits de Térence pour les Ecoliers du College de Zwickau. En 1486, on donna la traduction l'Eunuque, & en 1499, le reste de ses Comédies.

A la tête de cette édition, il y a un frontispice où est représentée une salle de Comédie, les Spectateurs & les Acteurs, & dans le fond du Théatre l'Isle d'Andros, un vaisseau en mer, & Phania lutte contre les flots, &c. ce qui prouve que le local des Théatres

Théatres modernes étoit connu dès ce temps en Allemagne. Quoi qu'il en soit, on continua de jouer des Comédies ou des Mysteres sur des sujets de dévotion, & bien-tôt succéderent les Drames chantants: ce ne fut qu'au commencement du dix-septieme siecle vers 1625, que *Martin Opitz* & *Robert Feld*, renouvellerent la bonne Comédie en Allemagne, où depuis ce temps tous les Princes firent, à l'envi, construire des salles de Spectacles particulieres; mais il n'y a guere qu'à Vienne & à Hambourg, où il y ait de Spectacle permanent.

THÉATRE ANGLOIS.

Le Théatre Anglois fut, ainsi que ceux dont je viens de parler, long-temps sans avoir de forme constante; car sous le regne d'Edouard III, vers le milieu du quatorzieme siecle, on ne connoissoit que les *Vagrands* ou vagabonds, que ce Prince chassa, en les condamnant au fouet & au bannissement, à cause de l'indécence de leurs farces. Sous Henri IV, au commencement du quinzieme siecle, les mêmes défenses furent faites à tous Rimeurs & Joueurs de violon.

Dans le même-temps, c'est-à-dire, vers la fin du quatorzieme siecle, on jouoit des Mystères à Londres; ces Mysteres étoient représentés par des Ecoliers du College de Saint Paul & par les Clercs de la principale Eglise.

En 1470, ils donnerent des pieces suivies, sous le nom de *Moralités;* & ce ne fut que sous Henri VIII qu'on commença à représenter des Tragédies & des Comédies, qui, quoique très-imparfaites, annonçoient déja les progrès du Théatre Anglois.

En 1580 ou environ parut *Shakespear*, qui acheva de tirer ce Théatre de la barbarie, & le mit en état de le disputer à ceux des autres Nations de l'Europe, du moins relativement au goût & aux mœurs de la Nation pour laquelle il travailloit.

Les Anglois prirent beaucoup de goût pour le Théatre; car il y a eu à Londres jusqu'à dix-sept troupes de Comédiens; & depuis le regne d'Elisabeth jusqu'en 1641, il y avoit huit salles de Spectacles, & quelquefois le double.

THÉATRE ESPAGNOL.

L'Histoire du Théatre Espagnol est à peu-près la même que celle des autres Théatres dont je viens de parler: au fond, ces Histoires se ressemblent toutes. Des farces, des Mysteres connus sous le nom d'*Auto-Sacramentales*, firent le divertissement de la Nation Espagnole, jusqu'au temps de *Lopès de Véga* & de *Calderone*, c'est-à-dire, jusqu'à la fin du seizieme siecle; encore dans les entr'actes des pieces du premier, jouoit-on des intermédes dont le sujet étoit moitié burlesque & moitié dévotion, ce qui revenoit aux Jeux de Pois pilés en France.

Cependant, avant ce temps, les Espagnols avoient des Tragédies; car en 1533 on imprima les Tragédies de Fernand Perez d'Oliva, & en 1539, *la Célestine* fut imprimée à Cordoue. Quoi qu'il en soit, on ne peut vraisemblablement dater que de la fin du seizieme siecle pour le renouvellement du Théatre Espagnol, époque qui, à peu de chose près, est la même pour tous les Théatres modernes de l'Europe.

Je ne parlerai pas ici du local des Théatres dont je viens d'esquisser l'histoire, parce que je n'ai pas été à portée de me procurer des renseignements bien sûrs à ce sujet; que d'ailleurs ces mêmes Théatres sont de peu de conséquence, & pour la plûpart de mauvaises copies de ceux d'Italie, dont je ferai le détail par la suite.

CHAPITRE SECOND.

Description des Théatres des Anciens en général.

Pour parvenir à décrire avec quelque précision ces Monuments de la magnificence des Grecs, & des Romains leurs imitateurs, il faudroit que ces mêmes monuments subsistassent, ou que leurs formes & proportions nous eussent été transmises dans les Ecrits des Savants de ces temps éloignés; mais par malheur nous n'avons aucune de ces ressources, ou du moins que de très-foibles & en petit nombre; car si le temps détruit tous les ouvrages humains, on peut dire que les guerres, la barbarie & l'ignorance des siecles qui se sont écoulés depuis les beaux jours de la Grece & de Rome, ont presque anéanti des monuments qui sembloient être faits pour passer jusqu'à la postérité la plus reculée.

Il est à présumer par le silence des Ecrivains de ce temps, qu'ils étoient persuadés que des édifices construits avec tant de magnificence & de grandeur, & sur-tout de solidité, n'avoient pas besoin de description; aussi n'y a-t-il presque que Vitruve qui nous ait donné la forme & la proportion des Théatres dans son Ouvrage sur l'Architecture.

L'ouvrage de ce grand Architecte est parvenu jusqu'à nous dans sa langue originale; mais les erreurs que les copistes y ont introduites, soit par ignorance ou par négligence, & encore plus la perte des desseins dont ces descriptions étoient accompagnées, en ont rendu l'intelligence très-difficultueuse, ainsi qu'on peut le remarquer en examinant les traductions qui en ont été faites en différents temps & en diverses langues: ces traductions different toutes entre elles & peut-être même avec l'original, ce qui vient sans doute du goût & du génie des Traducteurs.

Une des plus célebres traductions de Vitruve en notre langue, est celle de M. Perault; elle est enrichie de notes très-curieuses, & forte estimée; mais je crois que ce qu'on y trouve touchant la forme & la proportion des Théatres, ne sauroit être considéré comme un point fixe, d'après lequel on puisse partir pour avoir une connoissance parfaite de ces anciens monuments, du moins quant à leurs proportions, à cause de la différence qui se trouve entre la description qu'il fait des anciens Théatres, & celles qui ont été faites par d'autres Auteurs, & encore plus entre ces descriptions & les débris de ces mêmes Théatres qui ont échappé aux injures des temps, & à la barbarie des derniers siecles.

M. Boindin, de l'Académie des Inscriptions & Belles-Lettres, a fait un Mémoire sur les anciens Théatres des Grecs & des Romains, où cette matiere est traitée avec beaucoup d'érudition, & où la forme & la proportion des Théatres, quoiqu'à bien des égards très-différentes de celles que leur a données M. Perault, sont présentées avec assez de vérité, du moins à quelques parties de détail près, que l'Auteur a négligées, ayant traité cette matiere plutôt en homme de Lettres, qu'en Architecte.

C'est en comparant les descriptions de ces deux Auteurs entre elles & avec quelques fragments répandus dans divers Ouvrages, & le tout avec les Ruines du Théatre d'Athenes, décrites par M. le Roy, celles du Théatre de Marcellus, par M. Desgodets, celles du Théatre d'Herculanum & quelques autres monuments à peu-près semblables, comme le Colisée de Rome, l'Amphitéatre de Vérone, qui subsiste encore tout en entier, que je me suis mis en état de donner une idée à peu-près juste de la forme des anciens Théatres, & du rapport qu'il y avoit entre leurs différentes parties.

Les Théatres des Anciens (1) étoient de vastes monuments construits en marbre ou en pierre, toujours isolés de toutes parts, & dont le diametre étoit de 3 à 400 pieds, sur une profondeur à peu-près égale, comme le représentent les figures 3 & 4. *Pl.* 1.

Planche 1.

Ces édifices étoient composés de trois parties principales; savoir, le Théatre proprement dit, ou le lieu des Spectateurs *A*.

(1) Pour abréger, autant qu'il m'a été possible, cette description, je traite à la fois des Théatres Grecs & Romains, en observant seulement de faire remarquer les différences qui se trouvent dans chacune des parties dont ils étoient composés, les parties principales étant absolument les mêmes dans les Théatres de l'une & l'autre Nation, comme on le verra dans la suite de cette description, qui a pour objet les plus grands Théatres, d'après lesquels on pourra juger de ceux qui leur étoient inférieurs en grandeur.

PLANCHE I.

La Scène ou le lieu des Acteurs *C*, & l'Orqueſtre ou orcheſtre *B*, qui étoit l'intervalle, compris entre le Théatre & la Scène. Le Théatre étoit compoſé de pluſieurs rangs de gradins ou ſiéges *a*, où ſe plaçoient les Spectateurs, & ces gradins étoient terminés à leur partie ſupérieure par une galerie *b* qui ſuivoit le pourtour du Théatre, dans laquelle les femmes ſe plaçoient pour voir les jeux, & être en même-temps à l'abri du ſoleil & de la pluie.

Les gradins étoient ſupportés ſur des voûtes ſous leſquelles on pouvoit ſe retirer pendant le mauvais temps, & qui communiquoient les unes aux autres par le moyen des corridors intérieurs, & des eſcaliers qui conduiſoient aux différents étages du Théatre, ou, pour mieux dire, des gradins.

Tout le Théatre étoit d'une forme demi-circulaire par ſon plan, tant à l'intérieur qu'à l'extérieur, de ſorte qu'il reſtoit un eſpace vuide au milieu entre les gradins, qui étoient demi-circulaires d'un côté, & droits de l'autre; c'eſt cet eſpace qui formoit l'orcheſtre.

Les gradins étoient diviſés de deux manieres; ſavoir, ſur leur largeur totale, par des paliers *c* qui ſuivoient le contour du Théatre, & ſur leur circonférence, par des marches ou degrés *d* qui tendoient au centre du Théatre, & qui répondoient à des portes ou ouvertures *e* par leſquelles les Spectateurs entroient pour ſe placer ſur les gradins. Ces portes étoient nommées chez les Grecs & chez les Romains d'un nom qui, en notre langue, répond à celui de vomitoire, parce qu'elles ſembloient vomir la foule *qui entroit* au Théatre.

Dans les grands Théatres, comme celui-ci, il y avoit trois rangs de gradins; c'eſt-à-dire, que l'enſemble de ces derniers étoit ſéparé par deux paliers, ſans compter celui qui régnoit au haut au-devant des portiques; mais les gradins, quoiqu'ainſi ſéparés, étoient diſpoſés de maniere que tous leurs angles étoient rencontrés par une ligne droite, les paliers occupant la place de deux gradins, tant de largeur que de hauteur.

Chaque rang de gradins avoit neuf rangs de ſiéges, dont deux étoient pris pour la place d'un palier, & les ſept autres étoient deſtinés à placer les Spectateurs. Le ſeptieme & dernier rang occupoient le devant du palier, parce que le premier ne ſervoit qu'à poſer les pieds de ceux qui étoient aſſis ſur le ſecond, ainſi qu'on peut le voir dans la coupe repréſentée, *fig.* 2.

PLANCHE I.

Ces trois rangs de gradins donnoient vingt-un rangs de ſiéges d'environ 15 pouces de hauteur ſur 2 pieds 6 pouces de largeur, ce qui faiſoit le tout enſemble, joint à la largeur des paliers, 67 pieds 6 pouces, à quoi l'épaiſſeur des portiques étant ajoutée, on avoit environ 100 pieds ou le quart de la largeur totale du Théatre, dont par ce moyen l'orcheſtre occupoit la moitié, proportion qui étoit aſſez généralement ſuivie dans tous les anciens Théatres.

Il y avoit dans l'enceinte du Théatre vingt-ſix portes & vingt-cinq eſcaliers; ſavoir, ſept portes ou vomitoires au premier rang de gradins, ſix au ſecond, ſept au troiſieme & ſix au-deſſus de ce dernier.

Des vingt-cinq eſcaliers intérieurs, ſix montoient au-deſſus du premier rang de gradins, & avoient leurs iſſues par les ſix portes ou vomitoires du ſecond rang; ſept autres montoient au-deſſus de ce dernier, & avoient leurs iſſues par les ſept portes du troiſieme rang de gradins; ſix montoient au-deſſus du troiſieme rang de gradins (ce dernier étant chez les Romains deſtiné à placer le menu peuple) (1), & avoient leurs iſſues par des portes *f*, pratiquées en-deſſous des galeries; & les ſix derniers montoient à ces mêmes galeries, dans l'intérieur deſquelles ils avoient leurs iſſues en *g*.

Les Théatres des Grecs & ceux des Romains étoient à peu-près ſemblables, à l'exception que les Théatres Grecs étoient plus profonds que ceux des Romains, parce que la Scène des premiers étoit moins profonde que celle des ſeconds, comme je l'expliquerai plus bas.

Les Théatres des Grecs différoient encore de ceux des Romains, en ce qu'ils y plaçoient des vaſes d'airain, dont l'uſage étoit de renforcer les ſons de la voix des Acteurs.

Ces vaſes, dont j'ignore la forme, étoient quelquefois faits en terre cuite, & on les plaçoit dans de petites chambres ſituées dans les gradins, vers le milieu de la hauteur de chaque rang: l'ouverture de ces chambres, en-dehors, n'avoit que 6 pouces de hauteur ſur deux pieds de largeur, & les vaſes y étoient placés de maniere qu'ils

(1) Cette diſtinction des places au Théatre n'a pas toujours eu lieu à Rome; car ce ne fut que l'an 558 de Rome que les Sénateurs eurent des places diſtinguées; & l'an 685 la Loi Roſcia ordonna qu'à l'avenir les Chevaliers occuperoient les quatorze premiers rangs du Théatre. Cette Loi ſert à prouver que dans ce temps les Théatres avoient (ſur-tout les grands) au moins vingt-un rangs de ſiéges; car ſi les Chevaliers en occupoient quatorze, il en falloit bien ſept pour placer le reſte du peuple, dont l'avidité pour les Spectacles étoit ſi grande, qu'il étoit paſſé en proverbe; Que le peuple Romain étoit content, pourvu qu'il eût du Pain & des Spectacles, *Panem & Circenſes.*

Planche I.

étoient iſolés de toutes parts, ou du moins ſoutenus de façon qu'ils ne portoient que par quelques points de leur ſurface.

Dans les grands Théatres Grecs il y avoit trente-neuf vaſes, ſavoir treize à chaque rang. Si cela étoit, le vaſe du milieu du ſecond rang de gradins devoit être placé dans les degrés de ce même rang, à moins qu'on ne l'eût pas mis au milieu préciſément. Quoi qu'il en ſoit, les ouvertures des chambres où étoient ces vaſes devoient être interceptées par les jambes des Spectateurs, ce qui devoit en diminuer l'effet, & ce qui a fait croire à pluſieurs Modernes qu'ils étoient placés non au milieu des rangs des gradins, mais au bas de ces derniers: c'eſt le ſentiment de M. Perault, dans ſes notes ſur Vitruve, ſentiment qui eſt aſſez vraiſemblable, encore qu'il ſoit combattu par d'autres Auteurs: cela, au reſte, eſt aſſez indifférent pour ceux qui ne veulent pas prendre parti dans ces ſortes de diſputes littéraires, qui ne ſont de part & d'autre fondées que ſur des probabilités.

Le pourtour du Théatre étoit environné, comme je l'ai dit plus haut, d'un portique d'où on pouvoit voir le Spectacle à couvert. Les premiers Théatres Grecs n'en avoient point, comme on peut en juger par celui d'Athenes; par la ſuite il y en eut, ainſi qu'à ceux des Romains, & ils furent décorés avec beaucoup de magnificence.

Ces portiques, dont la hauteur devoit au moins égaler en-deſſus celle de la ſcène, étoient terminés par des figures; & ſous les Empereurs, on imagina de faire ces dernieres creuſes, pour pouvoir contenir des tuyaux, au moyen deſquels on faiſoit une eſpece de pluie, ou, pour mieux dire, de roſée artificielle, afin de rafraîchir l'aſſemblée; & on pouſſa le luxe juſqu'à y employer des eaux de ſenteurs.

Les Théatres Grecs & Romains étoient découverts, ce qui ne pouvoit être autrement, par rapport à leur grandeur; cependant comme le ſoleil incommodoit beaucoup les acteurs & les ſpectateurs, on imagina de les couvrir avec des toiles ou bannes ſoutenues par des cordages, tendus d'un côté du Théatre à l'autre, par le moyen de mouſles attachées au-deſſus des galeries & de la ſcène. Ce fut Lentullus Spinther, qui, le premier, fit couvrir les Théatres de Rome, vers l'an 708 de la République, & alors on y joua non-ſeulement le jour, à l'abri de la pluie & du ſoleil, mais même la nuit. Les Romains firent ces eſpeces de couvertures d'une extrême magnificence; ils y employerent les étoffes les plus précieuſes, teintes en pourpre ou en d'autres couleurs, & c'eſt ſur ces bannes qu'ils faiſoient tomber de l'eau pour former la roſée dont je viens de parler (1).

La ſcène des anciens Théatres étoit compoſée de trois parties principales; ſçavoir, l'avant-ſcène *hh*, la ſcène proprement dite *ii*, & l'arriere-ſcène *ll*.

L'avant-ſcène, nommée chez les Grecs Λογειον, & chez les Romains *Pulpitum*, étoit une eſpece d'eſplanade qui régnoit dans toute la largeur du Théatre, & ſur laquelle les Acteurs venoient repréſenter.

Chez les Grecs, l'avant-ſcène *fig.* 1 & 3, étoit élevée de 10 à 12 pieds au-deſſus de l'orcheſtre, & n'avoit de profondeur, tout au plus, que les $\frac{4}{21}$ de ſa largeur; ce qui étoit ſuffiſant, parce que les Acteurs ne paroiſſoient que les uns après les autres ſur la ſcène.

Chez les Romains, l'avant-ſcène avoit la même largeur; mais ſa profondeur étoit plus conſidérable: elle avoit environ les $\frac{5}{17}$ de ſa largeur, ce qui étoit d'autant plus néceſſaire, que tous les Acteurs paroiſſoient enſemble ſur la ſcène: chez ces derniers, la hauteur de l'avant-ſcène étoit d'environ 5 pieds, à laquelle hauteur régnoit le premier gradin du Théatre, comme on peut le voir *fig.* 2.

La ſcène proprement dite, étoit un corps de bâtiment élevé à l'extrémité de la profondeur de l'avant-ſcène: il étoit d'une hauteur égale à celle du Théatre, & avoit de largeur, entre ſes deux aîles ou retours, une fois & demie la largeur de l'orcheſtre, ou les $\frac{3}{4}$ de largeur totale de l'édifice, ce qui eſt la même choſe.

Les aîles de la ſcène avoient de ſaillie le huitieme de la largeur de cette derniere, & étoient, ainſi qu'elle, très-magnifiquement décorées, du moins chez les Romains; car chez les Grecs, il y a tout à croire qu'elle étoit ſimplement revêtue de décorations analogues au ſujet qu'on repréſentoit.

En général, la ſcène avoit cinq portes *mm*, par où les Acteurs entroient ſur l'avant-ſcène; ſavoir, trois en face, & deux dans les aîles en retour.

(1) Nous avons eu à Paris un exemple de cette eſpece de couverture tranſparente, au College des Jéſuites de la rue S. Jacques, dont la cour, lorſqu'on y donnoit des Tragédies, étoit ainſi couverte, quoique d'une très-vaſte étendue: cette cour a environ 18 toiſes ou 108 pieds quarrés, ce qui fait une ſurface de 324 toiſes ou 11664 pieds quarrés.

PLANCHE 1.

Celle du milieu se nommoit la porte royale, & ne servoit qu'au principal Acteur ou Coryphée de la piece, & celle des deux côtés de cette derniere aux autres Acteurs; les portes des aîles en retour servoient, l'une pour les Acteurs qui feignoient d'arriver de la ville, & l'autre, pour ceux qui semblablement feignoient d'arriver de la campagne.

Ces portes, lorsque la scène avoit une décoration permanente, étoient remplies par des décorations relatives au sujet qu'on jouoit; & ces décorations changoient au besoin, comme je le dirai ci-après.

La face de la scène, c'est-à-dire, l'espace compris entre ces deux aîles, n'étoit pas toujours découverte, du moins chez les Grecs; mais elle étoit fermée par un rideau qui en déroboit la vue pendant les entr'actes où l'on changoit les décorations. Ce rideau étoit suspendu aux deux angles des aîles de la scène, d'où on l'abaissoit quand on vouloit jouer, & on le relevoit ensuite quand la piece étoit finie, ou pour faciliter, ou du moins cacher le changement des décorations; de sorte que, par baisser le rideau ou la toile chez les anciens, on entendoit positivement la même chose que lever la toile chez les modernes, c'est-à-dire, l'action de découvrir la scène (1). Chez les Grecs, & même chez les Romains, la scène étoit quelquefois construite en bois, & cela est d'autant plus vraisemblable, que le Théatre de Pompée fut brûlé sous le regne de Tibere, ce qui n'auroit pu arriver, si cet édifice avoit totalement été construit en pierres; le peu de bois qu'on devoit naturellement y employer, n'ayant pu être en quantité suffisante pour qu'étant enflammé, il pût y causer un grand dommage.

L'arriere-scène étoit un corps de bâtiment couvert, dont la scène formoit la façade dans lequel les Acteurs se plaçoient dans les intervalles où ils ne jouoient pas, & qui avoit plusieurs grandes pieces où l'on serroit les décorations de la scène, les habits des Acteurs, & où ces derniers s'habilloient.

L'orchestre étoit, comme je l'ai dit ci-dessus, l'espace compris entre les degrés du Théatre & le devant de l'avant-scène, de sorte qu'il participoit de la forme de ces deux derniers; c'est-à-dire, que sa forme étoit demi-circulaire d'un côté, & droite de l'autre.

Chez les Grecs, l'orchestre, *fig.* 3, étoit vuide de Spectateurs, parce qu'elle servoit de scène pour les Acteurs subalternes, comme ceux qui formoient les chœurs & les danses, pour les Symphonistes & les Mimes qui jouoient dans les entr'actes.

PLANCHE 1.

Les chœurs se plaçoient sur une espece de scène particuliere *n*, que les Grecs nommoient autel, à cause de sa forme à peu-près quarrée, ou peut-être parce que cet endroit servoit quelquefois à faire des sacrifices.

Cet autel étoit d'une largeur égale au quart de l'orchestre, sur une profondeur à peu-près semblable, & elle étoit placée de maniere que son devant passoit au nud du centre du Théatre, de maniere que sa profondeur étoit en partie prise au dépens de celle de l'avant-scène.

La hauteur de l'autel étoit des deux tiers ou au moins la moitié de celle de l'avant-scène, de laquelle on descendoit sur l'autel: aux deux côtés de ce dernier, en *o*, étoit la place des Symphonistes & peut-être des Chœurs, & ces places étoient un peu plus élevées que le reste de l'orchestre, qui, comme je l'ai dit plus haut, étoit le département des Mimes & autres Acteurs subalternes.

Chez les Romains, l'orchestre, *fig.* 4, étoit moins profonde que chez les Grecs (n'étant reculée au-delà du centre du Théatre que d'environ 12 pieds), & servoit à placer les Spectateurs, qui, dans les commencements, y étoient confondus sans distinction des rangs. Ce ne fut que l'an 558 de Rome, qu'elle fut particuliérement destinée aux seuls Sénateurs. Scipion l'Africain, alors Prince du Sénat, fut un des principaux auteurs de ce changement dont il se repentit, dit-on, dans la suite, parce que c'étoit donner atteinte aux coutumes anciennes.

La place de l'orchestre *p* destinée aux Sénateurs se nommoit *Platée*; elle étoit un peu plus élevée que le sol de cette derniere, & en pente, pour qu'ils pussent voir plus facilement sur la scène, & le devant de cette platée étoit revêtu d'un appui ou balustrade qui la séparoit du sol de l'orchestre.

L'extérieur des Théatres étoit décoré d'une maniere qui répondoit à la magnificence des dedans: cette décoration étoit ordinairement composée de deux Ordres d'Architecture, dans les entre-colonnements desquels étoient pratiquées des arcades pour éclairer les portiques ou galeries des diffé-

(1) Cette opération est très-aisée à concevoir; mais ce que je ne comprends pas, c'est l'effet que faisoit la toile étant baissée, vû l'embarras qu'elle devoit nécessairement faire sur l'avant-scène où elle devoit embarrasser les pieds des Acteurs, à moins que cette derniere n'eût une ouverture dans laquelle la toile pût se placer, & que cette ouverture ne se refermât ensuite comme font les trappes de nos Théatres modernes.

PLANCHE I.

rents étages de l'édifice, qui étoit isolé de toutes parts, ainsi que presque tous les édifices publics des anciens; car ils mettoient beaucoup de soins dans la disposition de ces mêmes édifices, sur-tout des Théatres: ils observoient de les placer, de façon qu'ils ne fussent pas exposés à certains vents qui, en corrompant la salubrité de l'air, auroient pu nuire à la santé des Spectateurs; ce qui me fait croire qu'une partie des arcades de l'Ordre supérieur, n'étoit que feinte, ou qu'on les bouchoit lors de la célébration des jeux.

Les Théatres des anciens étoient souvent accompagnés d'un autre édifice nommé *Promenoir;* c'étoit pour l'ordinaire un bâtiment d'une forme à peu-près quarrée par son plan, & qui étoit entouré à l'extérieur par un double rang de colonnes en forme de péristile adossé.

L'intérieur de ces promenoirs étoit vuide & planté d'arbres, sous l'abri desquels le peuple se promenoit avant ou après le Spectacle, ainsi que sous les péristiles extérieurs, quand il survenoit du mauvais temps.

Avant que de terminer ce qui concerne les Théatres des anciens, il est nécessaire de dire quelque chose des décorations & des machines de ces mêmes Théatres, du moins autant que les connoissances qui nous ont été transmises des unes & des autres, pourront me le permettre; car nous n'avons rien de bien certain à ce sujet.

Dès le temps d'Eschyle, Poëte Grec, on étoit dans l'usage d'orner la scène du Théatre par des décorations peintes; & un nommé *Agatarchus* ou *Agatarcus*, contemporain de ce Poëte, qui vivoit en 3500 ou environ, les peignoit & les mettoit en perspective; il fit même, dit-on, un traité de Perspective qui n'est pas venu jusqu'à nous, ainsi que quantité d'autres ouvrages des anciens.

Les décorations théatrales étoient de trois especes; savoir, celles qui servoient pour les scènes tragiques qui représentoient des Palais; celles de la scène comique, qui représentoient des maisons particulieres & places des publiques, (les scènes des anciens se passant presque toujours dans les rues ou sur les places), & celles qui servoient à la scène satyrique, qui représentoient des maisons rustiques, des rochers & des bois.

Ces décorations étoient probablement peintes sur des toiles tendues sur des chassis de bois; mais on ignore comment on les plaçoit sur la scène, & comment se faisoient les changements: tout ce qu'on a écrit à ce sujet ne sont que des conjectures sur lesquelles il n'est pas possible de porter un jugement certain.

PLANCHE I.

Les machines des Théatres anciens étoient aussi de trois especes; les unes servoient pour faire paroître sur la scène les Dieux célestes, comme Jupiter, Apollon, Mercure, &c. les autres pour les Dieux terrestes, comme Pan, Faune, les Satyres; & les dernieres pour les Dieux des eaux & des enfers, comme Neptune, Amphitrite, Pluton, &c. Les premieres especes de machines étoient nommées chez les Grecs θέολογειον, parce qu'elles servoient à supporter les Dieux; c'étoient des especes de grues ou autres machines à peu-près semblables, qui tournoient sur elles-mêmes, & qui étoient placées sur le haut de la scène pour faire descendre & remonter les Dieux, ou pour mieux dire, les Acteurs qui les représentoient.

Ces machines étoient d'un grand usage dans les pieces du Théatre ancien, ce qui fit dire à un plaisant, que, pour le dénouement de ces pieces, les Dieux étoient obligés de venir au secours du Poëte, afin de le tirer d'embarras.

La seconde espece de machines Théatrales se plaçoit ordinairement dans les ouvertures des portes de la scène, à fort peu de distance de ces dernieres, & en dedans de l'arriere-scène.

C'étoit des especes de prismes triangulaires dont les faces étoient diversement peintes & qui tournoient sur pivots; de sorte qu'ils présentoient l'une ou l'autre de leurs faces, comme on le jugeoit à propos.

Ces dernieres especes de machines étoient peut-être la seule décoration de la scène des Théatres Romains; ce qu'on peut d'autant mieux conjecturer que ces scènes étoient ordinairement ornées d'Architecture, & que lors de la célébration des jeux on y plaçoit des vases, des statues, des tableaux, &c. comme je l'ai dit ci-dessus.

La troisieme & derniere espece de machines des Théatres anciens, n'étoit autre chose que des trappes qu'on faisoit ouvrir dans le plancher ou sol de l'avant-scène, pour donner passage à diverses choses qu'on faisoit sortir de dessous cette derniere, par le moyen des leviers & des contre-poids, à peu-près comme cela se pratique à nos Théatres modernes.

En général, quelque peu de lumieres que nous ayons au sujet des décorations & des machines des Théatres des anciens, il y a tout à croire qu'elles étoient très-ingénieuses & faisoient un très-bon effet: cela est d'autant plus vraisemblable, que ces

PLANCHE I.

peuples (sur-tout les Grecs) qui avoient poussé tous les Arts utiles & agréables à un si haut degré de perfection, n'auront rien négligé de ce qui pouvoit servir à l'exécution & à l'embellissement des jeux du Théatre, pour lesquels ils témoignerent toujours tant de passion, & qu'ils n'auront certainement rien souffert de médiocre dans ces jeux; ils avoient l'esprit, & si j'ose le dire, les yeux & les oreilles trop délicats pour cela.

Tous les Théatres des Grecs & des Romains n'étoient pas de la grandeur de ceux dont je viens de faire la description; quelques-uns n'avoient que deux ou même qu'un rang de gradins, de sorte que les plus petits Théatres n'avoient que 200 pieds de largeur hors-d'œuvre, & les moyens 300, à peu de chose près; mais quelle que fût leur grandeur, leur proportion & leur forme générale étoit toujours la même, parce que c'étoit la seule qui convînt à ces sortes d'édifices qui se ressembloient tous, ce qui étoit d'autant plus naturel, qu'ils étoient destinés aux mêmes usages (1).

Après avoir essayé d'esquisser le tableau de la magnificence des Grecs & des Romains par rapport aux Théatres, je vais maintenant parler de ceux des Modernes, en commençant à leur origine jusqu'à présent, ce qui fera l'objet de la Section suivante.

SECTION PREMIERE.

Des Théatres Modernes en général.

LES Théatres des Modernes, quoique destinés aux mêmes usages que ceux des Anciens, different cependant beaucoup de ces derniers, tant pour la grandeur, la forme & la magnificence de leurs décoration, que pour la solidité de leur construction. Ces différences qui sont très-considérables, tiennent à plusieurs causes qu'il est bon de développer ici, afin qu'on soit mieux à portée de distinguer les défauts des Théatres modernes, & juger des moyens dont on pourroit faire usage pour leur donner toute la perfection dont ils sont susceptibles, relativement à l'état actuel des Gouvernements modernes, aux mœurs & aux usages reçus.

On a long-temps disputé sur l'avantage que pouvoient avoir les Théatres anciens sur les modernes, ou ceux-ci sur les premiers, sans s'entendre (comme cela n'arrive que trop souvent), & sans s'être auparavant rendu compte des raisons qui avoient pu donner lieu aux changements qui forment les différences qu'on y rencontre. Quelques Auteurs, Admirateurs outrés de l'antiquité, ont cru qu'on ne pouvoit pas faire de Théatres vraiment beaux, s'ils n'étoient parfaitement semblables à ceux des Grecs ou des Romains: d'autres, au contraire, n'ont vu dans ces anciens monuments, qu'une vaine montre de magnificence & de grandeur, & où l'on avoit sacrifié la commodité des Acteurs & des Spectateurs à cette même magnificence.

Les uns & les autres pourroient bien s'être trompés, mais moins les premiers que les derniers; car si les vastes Théatres des anciens avoient été vraiment incommodes, comment ce seroit-il pu faire que, pendant plus de six siecles, on n'eût pas fait de changement, soit à la grandeur ou à la forme de ces Théatres, pour en corriger les défauts & en augmenter la commodité? Comment des peuples, dont les connoissances en tout genre étoient poussées au plus haut degré de perfection, & dont le goût pour les représentations Théatrales alloit jusqu'à la prodigalité, & si j'ose dire même jusqu'à la fureur, auroient-ils persisté si long-temps dans leur goût pour les Théatres, s'ils n'y eussent trouvé toute la satisfaction & la commodité possibles? C'est pourquoi je crois qu'il ne faut attribuer les changements qu'on a faits aux Théatres, qu'à l'ignorance des siecles modernes, & encore plus aux révolutions arrivées dans les Gouvernements, dans les usages & dans les mœurs: c'est ce qu'il faut examiner.

Chez les anciens Grecs, chaque ville étoit libre, c'est-à-dire, dépendante d'elle-seule ou d'une Métropole, qui étoit elle-même une République, où par conséquent les Citoyens conservoient l'égalité entre eux. Dans ces villes, les jeux se donnoient aux dépens des fonds publics, & les Citoyens de chaque espece avoient droit d'y assister, ce qui exigea des Théatres d'une

(1) Le Théatre antique de S. Germano, près du Mont Cassin, étoit de la moyenne grandeur: il avoit 283 pieds de diametre; & celui d'Herculanum est de la plus petite proportion, puisqu'il n'a que 172 pieds, ce qui est une preuve de ce que j'avance en parlant de la proportion des anciens Théatres.

PLANCHE I.

grandeur relative au nombre de ces mêmes Citoyens. Les Romains suivirent cet usage, soit que les Jeux fussent donnés aux dépens de la République ou des Particuliers, comme les Ediles ou les Gouverneurs des Provinces, ou enfin des plus riches Citoyens; & cet usage s'est maintenu sous les Empereurs, long-temps après que la Religion Chrétienne fut devenue celle du Prince & de l'Empire.

La destruction de l'Empire d'Occident, & la décadence de celui d'Orient, changerent la forme des Gouvernements de l'Europe; ce changement influa sur les Théatres, qui furent détruits ou oubliés en Itatalie jusqu'au quinzieme siecle, & en France jusqu'au quatorzieme; si cependant on peut donner ce nom à la salle de la Trinité, où l'on représenta les Mysteres de la Passion; le Théatre de l'Hôtel de Bourgogne, construit en 1543 (c'est-à-dire, vers le milieu du seizieme siecle) étant le premier édifice de ce genre construit en France auquel on puisse donner le nom de *Théatre*, encore qu'il fût d'une forme très-imparfaite, comme je le dirai plus bas.

Les deux premiers Théatres construits en Italie, furent ceux de Vicence & de Parme: le premier fut construit en 1580, aux frais de la ville de Vicence & de l'Académie Olympique établie en cette ville. Ce fut Palladio qui en donna les desseins, & Scamozi qui l'exécuta. Le second, qui est le plus grand de nos Théatres modernes, fut construit par les Princes de la Maison de Farnèse, vers l'an 1600. Ces deux Théatres, quoique couverts, furent construits d'après les Théatres anciens, sur-tout le premier, qui est un chef-d'œuvre en ce genre; mais malgré leur beauté, ils ne plurent pas long-temps; leur forme & leur grandeur se trouverent contraires aux mœurs & aux usages des Italiens de ce temps.

Pour bien entendre ceci, il faut faire attention à l'état où se trouvoit alors l'Italie & à la forme de son gouvernement. Cette belle partie de l'Empire Romain, après en avoir été séparée à la chûte de l'Empire d'Occident, devint la proie du premier occupant, ou pour mieux dire, du plus fort: après l'établissement & la chûte des Royaumes des Gots & des Lombards, il s'y forma presqu'autant de Principautés que de Villes, qui se gouvernerent chacune par des Loix différentes, & dont les intérêts étoient souvent opposés. Delà vinrent ces guerres intestines, qui, jointes à celle du Sacerdoce & de l'Empire, & à celle que les Rois de France & d'Espagne y firent tour à tour ou conjointement, la désolerent jusqu'à la fin du seizieme siecle. Depuis ce temps, l'Italie étant devenue plus tranquille, les Sciences & les Arts y refleurirent, & les Théatres furent construits dans plusieurs villes; mais comme ces dernieres étoient gouvernées par des Princes qui n'avoient ni le pouvoir, ni la volonté de donner des Spectacles gratis, les habitans de ces villes furent obligés de se cotiser, soit pour fournir aux frais de la construction des Théatres, soit pour leur entretien & leur dépense journaliere, & pour le paiement des Acteurs.

A peine ce nouvel arrangement fut-il introduit, qu'on vit diminuer sensiblement le nombre des Spectateurs, à cause du peu d'étendue de quelques-unes de ces villes, ce qui obligea les Constructeurs des Théatres à leur donner peu de capacité. Les mœurs & usages du temps changerent aussi la forme de ces Théatres; car l'égalité entre les habitants de ces villes étant détruite, ceux qui par leurs emplois ou leur opulence étoient distingués des autres, voulurent en être séparés au Théatre comme ailleurs. Delà vint l'usage de ces loges fermées & séparées, dont les salles des Spectacles modernes sont garnies tout au pourtour, & dont l'usage s'est perpétué jusqu'à présent, à quoi a encore beaucoup contribué la jalousie Italienne. Le peu de liberté que les femmes de ce pays ont de paroître en public, & le peu de communication que les Italiens ont entre eux, est ce qui a donné naissance à l'usage de donner & de recevoir des visites dans les loges du Théatre, d'y tenir des conversations, & même d'y jouer. Quant à la forme générale des salles de Spectacle d'Italie (du moins des plus anciennes) & à leur décoration, on n'y a pas apporté grande attention; soit qu'on ait été borné d'un côté par la dépense, & de l'autre par les usages dont j'ai parlé cidessus, ce n'est que depuis le commencement de ce siecle qu'on a commencé d'y construire des salles d'une forme & d'une décoration plus réguliere, quoiqu'elles soient éloignées de la perfection où elles pourroient arriver, comme j'espere le démontrer par la suite.

La perfection des Théatres en France fut retardée par des causes qui, quoique différentes de celles que j'ai rapportées, produisirent les mêmes effets. J'ai dit plus haut comment, après la conquête des Gaules par les Francs, les Arts furent anéantis, & les

PLANCHE I.

les jeux du Théatre oubliés. On ne les vit reparoître en France que dans le quatorzieme, ou, pour mieux dire, dans le quinzieme siecle, où ils furent d'abord très-foibles, & les Théatres où on les représentoit d'une forme & d'une décoration même au-dessous de la médiocrité, du moins pour ceux qui étoient permanents, car on en construisit d'instantanés qui étoient très-magnifiques pour leur temps, comme je le dirai en son lieu; d'ailleurs dans ce temps les grandes villes n'étoient ni si peuplées, ni si opulentes qu'elles le sont actuellement, & n'étoient habitées que par des gens dont l'état & les occupations ne les portoient guere à ces sortes d'amusements; la Cour alors n'habitoit point la Capitale, ou très-peu, & les Seigneurs étoient toujours à sa suite, ou restoient dans leurs Châteaux: ce goût qu'ils avoient pris lors du Gouvernement Féodal, les y retenoit, de maniere que les premiers Spectacles furent long-temps abandonnés aux gens du commun, ce qui ralentit beaucoup leurs progrès.

D'un autre côté, le Gouvernement en autorisant les Théatres, en abandonna la construction aux Acteurs, qui se logerent comme ils purent & à moins de frais possible, d'où vient que jusqu'à présent nous n'avons pas eu de Théatre supportable: ce qui a fait dire à M. de Voltaire, que les belles salles étoient en Italie, & les belles pieces en France (1).

A ces différents obstacles à la perfection de nos Théatres, on peut joindre un certain esprit d'imitation & même d'admiration pour les productions étrangeres, qui a fait imaginer que parce que les salles d'Italie avoient la réputation d'être les plus belles de l'Europe, il falloit les copier servilement, sans auparavant s'être rendu compte, si ce qui étoit convenable aux mœurs & aux usages de cette Nation, pouvoit l'être aux nôtres; c'est le défaut, ou, pour mieux dire, l'oubli de cette comparaison, qui est en partie cause des fautes qu'on fait tous les jours, lorsqu'il s'agit de l'érection des édifices de conséquence, & sur-tout des Théatres, comme on ne l'a que trop éprouvé jusqu'à présent.

La digression dans laquelle je viens d'entrer au sujet des changements arrivés aux Théatres modernes, comparés à ceux des anciens, est peut-être un peu longue; mais elle m'a paru absolument nécessaire pour répandre de l'ordre & de la clarté dans cet Ouvrage, & en même-temps pour mieux faire distinguer les changements absolument nécessaires dans la forme & la grandeur des Théatres modernes, d'avec ceux que l'habitude ou l'ignorance des vrais principes y ont introduits.

PLANCHE I.

SECTION SECONDE.

Description des anciens Théatres François.

IL ne nous reste aucune description détaillée de la forme & de la construction des anciens Théatres François, sinon quelques morceaux épars dans des Mysteres ou Pieces de ce temps, qui sont parvenus jusqu'à nous; & comme pour l'ordinaire le lieu où l'on donnoit ces sortes de Spectacles n'étoit pas construit exprès, on en tiroit tout le parti possible pour placer commodément les Acteurs & les Spectateurs.

La place de ces derniers n'étoit autre chose que plusieurs rangs d'échafauds élevés les uns au-dessus les autres dans toute la hauteur de la salle, dont le milieu restoit libre ou étoit abandonné à la populace, qui ne payoit pas son entrée & qui s'y tenoit debout; du moins cet usage subsistoit-il encore en 1640, comme on peut le voir dans l'Ouvrage de Sorel, intitulé: *la Maison des Jeux*. Ces échafauds ou galeries faisoient le tour de la salle jusqu'aux deux côtés du Théatre, & n'avoient aucune séparation: aussi voit-on qu'en 1588 où les Confreres de la Passion, en louant leur Théatre de l'Hôtel de Bourgogne à une troupe de Comédiens, se réserverent deux loges les plus proches du Théatre, qu'on nomma les *Loges des Maîtres*.

Ces loges étoient les seules places séparées qu'il y eût dans cette salle, ainsi qu'on peut le conjecturer; car l'Auteur dont je viens de parler ci-dessus, en se plaignant

(1) C'est avec plaisir que j'excepte de cette regle la belle Comédie de Lyon, par M. Souflot; la salle de l'Opéra, construite aux dépens de la Ville; la magnifique salle de Versailles, & quelques autres construites dans plusieurs Villes de Province, par des Artistes habiles & éclairés, qui, en se conformant en quelque sorte aux usages reçus, s'en sont cependant écartés le plus qui leur a été possible, & qui, dans leurs ingénieuses productions ont assez donné à connoître ce qu'on auroit pu attendre d'eux, s'ils avoient été absolument les maîtres de suivre l'impulsion de leur génie.

PLANCHE I.

de l'incommodité des galeries de côté, ne dit pas si elles étoient séparées, ce qu'il n'auroit pas manqué de faire, si en effet elles l'avoient été, puisque ces séparations en auroient encore augmenté l'incommodité.

La face & la forme du Théatre étoient à peu-près la même qu'à ceux d'à-présent, il n'y avoit que le fond qui différât. Au fond & sur les deux côtés en retour, s'élevoient des especes d'échafauds qu'on nommoit *Etablis* ou *Etablies*, sur lesquels se passoient les différentes actions de la piece dont ces établis portoient le nom; de sorte que les uns se nommoient Nazareth, d'autres Jérusalem, la maison de Pilate, &c. & enfin le Paradis; ce dernier établi étoit toujours plus élevé que les autres, quand même il n'y en auroit eu qu'un rang sur le Théatre, ce qui arrivoit rarement, à moins qu'on ne jouât dans une place publique; car dans les Théatres fermés, il y avoit quelquefois deux & même trois rangs d'établis élevés au-dessus les uns des autres.

Chacun de ces établis étoit décoré d'une maniere analogue au sujet qu'on devoit y représenter, & les Acteurs se plaçoient dessus à mesure qu'ils jouoient leurs rôles, après quoi ils venoient se placer sur les deux côtés du devant du Théatre d'où ils étoient partis, & où ils se tenoient assis à la vue des Spectateurs pendant toute la piece.

Au-dessous du Théatre étoit l'enfer, dont l'entrée ou ouverture avoit la forme de la gueule d'un dragon, laquelle s'ouvroit & se fermoit à volonté; on y remarquoit des dents & des yeux mobiles: indépendamment de cette gueule, qui étoit placée au-dessous des plus bas établis, il y avoit d'autres issues à l'enfer qu'on nommoit *Apparitions* ou *Aparictions;* c'étoient des trapes pratiquées dans le dessus du Théatre par lesquelles les diables sortoient quelquefois, ou bien se précipitoient dans les enfers.

Le devant des établis étoit souvent caché par un rideau qui se levoit au commencement de la piece & qu'on baissoit à la fin, & quelquefois même dans les entr'actes, ou, comme on disoit alors, *Entremets*, soit pour préparer derriere quelques machines, ou pour changer la décoration des établis, ce qui étoit nécessaire, sur-tout quand ces derniers n'étoient pas en nombre suffisant, comme cela arrivoit souvent dans les Théatres fermés.

Ces anciens Théatres avoient aussi des machines, car on y voyoit le soleil se lever & se coucher, le tonnerre se faisoit entendre, & les nuages descendoient pour cacher les Acteurs; on y voyoit aussi une mer & des naufrages, &c. ce qui suppose nécessairement des machines, quels qu'en fussent le nom & la forme.

PLANCHE I.

Quand ces Spectacles se donnoient dans des places publiques, & cela arrivoit quelquefois, ils étoient très-magnifiques, du moins pour ces temps, comme on en pourra juger par quelques extraits tirés des Auteurs contemporains.

»En 1437, Conrard Bayer, Evêque de »Metz, fit exécuter un Mystere de la Passion, »près de cette ville, dans la plaine de »Veximel, où fut fait un parc d'une très-»noble façon, car il étoit à 9 étages de haut, »ainsi comme degrés: tout autour étoient de »grands siéges & loges pour Seigneurs & »Dames, &c.

En 1474, fut représenté à Rouen le Mys-»tere de l'Incarnation dans la partie la plus »septentrionale du viel marché; le plus orien-»tal (l'établi) étoit celui du paradis, sous »lequel étoit Nazareth, & de suite ceux de »Jérusalem, ainsi de suite du côté du Cou-»chant.

»Au mois d'Août 1486, fut jouée à Angers »la Passion, au bas des halles; il y avoit cinq »échafauds à plusieurs étages couverts d'ar-»doises; le paradis qui étoit le plus élevé »contenoit deux étages: ce Mystere dura »quatre jours.

»En 1534, furent joués les Mysteres à »Poictiers; on joua quinze jours au marché »viel de ladicte ville en ung Théatre fait en »rond fort triomphant».

Dans le même temps il y avoit à Saumur un Théatre qui étoit remarquable par ses peintures: on en voyoit encore les restes du temps de Henri III, c'est-à-dire, environ 45 ans après.

»En 1536, fut construit à Bourges un »Théatre sur les ruines de l'ancien Amphi-»théatre ou fouse des arênes; ledict Amphi-»théatre étoit de deux estiaiges surpassant »la sommitée des degrés, couvert & voilé par-»dessus pour garder les Spectateurs de l'in-»tempérie & ardeur du Soleil, tout bien & »exactement peint d'or, d'argent, d'azur & »autres riches couleurs, qu'impossible est de le »sçavoir réciter».

Par les extraits que je viens de rapporter, il est aisé de voir que nos premiers Spectacles ne laissoient pas d'avoir quelque magnificence, sur-tout ceux qui furent donnés aux dépens des villes & dans des lieux spacieux; il y a même tout à croire que le goût des François

PLANCHE 1.

pour les Spectacles, en prenant de nouvelles forces, auroit nécessairement accéléré la perfection des Théatres ; mais les troubles des guerres, tant civiles qu'étrangeres, dont le Royaume fut déchiré depuis le regne de Henri II jusqu'au commencement de celui de Louis XIV, c'est-à-dire, pendant près d'un siecle, arrêterent les progrès du goût national, & les Théatres ne se soutinrent qu'à la Cour & dans la Capitale, qui, comme je l'ai déja dit plus haut, n'eut qu'un Théatre jusqu'en 1600, à cause du privilege exclusif des Confreres de la Passion : privilege, qui, plus que tout le reste, a empêché les progrès du Théatre François. Depuis ce temps il y eut à la vérité d'autres Théatres ; mais ce n'étoit que des jeux de Paume, dont on tiroit le meilleur parti possible : le Théatre y étoit formé de quelques planches posées sur des tréteaux, où les Spectateurs étoient placés pêle-mêle avec les Acteurs ; mais le lieu de la scène & celui des Spectateurs n'avoient aucunes décorations régulieres, & enfin les Acteurs, en habits de ville, représentoient les personnages de l'antiquité : c'est ainsi que fut joué *Cinna* du grand Corneille, où l'Acteur qui représentoit César Auguste, étoit en perruque quarrée & en chapeau bordé, (c'étoit en 1639).

Le premier monument élevé à Paris, auquel on pût raisonnablement donner le nom de *Théatre*, fut celui du Palais Royal, construit par Jacques le Mercier, Architecte du Cardinal de Richelieu. Ce Théatre qui fut fini en 1639, étoit très-spacieux & d'une ordonnance qui approchoit de l'antique : en voici la description telle qu'on la trouve dans Sauval, *Antiquités de Paris*.

» Ce Théatre occupe, comme je l'ai déja » dit, une longue salle, couverte, quarrée-» longue, large de 9 toises en dedans œuvre : » la scène est élevée à un des bouts, & le reste » est occupé par 27 degrés de pierres, qui » montent mollement & insensiblement, & qui » sont terminés par une espece de portique » ou trois grandes arcades ; mais cette salle » est un peu défigurée par deux balcons dorés, » posés l'un sur l'autre de chaque côté, & qui » commençant au portique, viennent finir au » Théatre ; le tout ensemble est couronné » d'un plafond en perspective, &c».

D'après cet exposé, on peut juger que cette salle sans être absolument exempte de défauts, ne laissoit pas d'être belle en comparaison de celle de l'hôtel de Bourgogne (aujourd'hui la Comédie Italienne), & que si le Mercier n'eût pas été gêné par le local & peut-être par le Cardinal de Richelieu, ou par les usages & le goût du temps, il lui eût donné une toute autre forme, & eût fait régner le portique tout au pourtour, ce qui auroit entraîné la suppression des balcons, dont Sauval se plaint avec raison. Quoi qu'il en soit, cette salle, à son plan près, devoit faire un assez bon effet ; & c'est dommage qu'après la mort du Cardinal de Richelieu, on en ait changé la disposition pour y construire des loges à la maniere des salles d'Italie.

Vers l'an 1660, Louis XIV fit construire au château des Tuileries un Théatre connu sous le nom de *Salle des Machines*. La salle de ce Théatre est très-magnifique & d'un bon genre de distribution, vu le peu de largeur de la place ; mais comme ce Théatre n'étoit pas destiné à être public, & que le lieu où il est situé n'a pas été construit exprès, on ne sauroit le prendre pour servir d'exemple des Théatres modernes ; & il n'y a à Paris que l'ancienne salle de la Comédie Françoise qui puisse à juste titre être considérée comme le premier Théatre permanent bâti en France, du moins comme Théatre public (1).

SECTION TROISIEME.

Description du Théatre & de la Salle de l'ancienne Comédie Françoise.

PLANCHE 2.

LE Théatre de l'ancienne Comédie Françoise, dont je vais donner la description, pour en faire le parallele avec ceux des anciens, fut construit aux dépens des Comédiens, qui, pour cet effet, acheterent un terrein situé entre la rue des mauvais Garçons & celle des fossés S. Germain, où fut placée la principale entrée.

Ce terrein, comme on peut le voir dans le plan *fig*. 2, étoit d'une forme irréguliere, & entouré des trois côtés par des maisons ; il avoit de largeur 9 toises ou 54 pieds, sur 105 pieds de profondeur, le tout pris intérieurement & sur ses dimensions moyennes.

La salle avoit du dedans des murs 37 pieds

(1) Celui de l'hôtel de Bourgogne ne peut pas raisonnablement être mis au rang de nos Théatres modernes, vu qu'il fut construit pour y représenter les Mysteres, dont le jeu & la disposition Théatrale étoit très-différents de ceux des pieces modernes, & que les réparations qu'on y a faites jusqu'à présent n'ont pu en détruire les dispositions locales, qui sont absolument mauvaises.

Planche 2. de largeur à l'endroit du Théatre, & 34 à celui du rond-point ou cul-de-four, qui terminoit son extrémité, sur 55 pieds de profondeur depuis le devant du Théatre, dont l'avant-scène ou ouverture étoit encore reculée de 12 pieds, de maniere qu'il y avoit 67 pieds de distance depuis cette derniere jusqu'au fond des loges, dont il y avoit trois rangs sur la hauteur de la salle qui étoit de 33 pieds du dessus du sol du bâtiment, & de 31 pieds 6 pouces au plus bas du parterre.

Il y avoit dix-neuf loges à chaque étage dans le pourtour de la salle, sans compter les deux des extrémités de chaque côté qui donnoient sur le Théatre, ou pour mieux dire, sur la projection de l'avant-scène, ce qui faisoit vingt-trois en tout à chaque rang.

Ces loges avoient à-peu-près 6 pieds d'axe en axe, sur 4 pieds & demi à 5 pieds de profondeur & 6 pieds & demi de hauteur; elles étoient séparées par des cloisons de bois, dont la partie supérieure étoit disposée en forme de barreaux, de sorte qu'on pouvoit voir des unes dans les autres.

L'espace compris dans l'intérieur de la salle étoit composé de quatre parties, savoir l'Amphithéatre *d*, le Parterre *c*, le Parquet *b* & l'Orchestre *a*. L'Amphithéatre occupoit tout le rond-point de la salle, & étoit élevé de 6 pieds au-dessus du parterre, en comptant du sol de ce dernier au-dessus de l'appui de l'Amphithéatre, dans lequel on entroit par la loge du milieu: il contenoit sept rangs de banquettes paralleles entre elles & à la face du Théatre, & une huitieme qui suivoit le contour d'une partie des loges du fond: le sol ou plancher de cet Amphithéatre, qui avoit environ 15 pieds de profondeur, avoit 15 pouces de pente, c'est-à-dire, 1 pouce par pied. Le parterre étoit un espace vuide de 34 pieds de largeur, sur 25 de profondeur, dont le sol étoit en pente pour faciliter la vue de la scène à ceux qui se trouvoient les plus éloignés du Théatre; cette pente étoit d'environ 2 pieds, de sorte qu'il étoit élevé du sol du bâtiment de quatre pieds à l'endroit de ses deux entrées, qui étoient en face l'une de l'autre & sous la première loge d'après l'Amphithéatre. Le Parquet étoit une enceinte formée à l'extrémité du parterre entre ce dernier & l'orchestre, & dans laquelle étoient placés trois rangs de banquettes paralleles au Théatre, & deux petites en retour perpendiculairement à ces dernieres. Planche 1.

L'Orchestre ou le lieu où l'on place la symphonie, n'étoit séparée du parquet que par une cloison, & n'avoit qu'une banquette, qui régnoit dans toute la largeur du Théatre, ce qui étoit suffisant, attendu que les Comédiens ne peuvent avoir qu'un certain nombre d'instruments, en vertu des privileges accordés à l'Académie Royale de Musique, autrement dit, l'Opéra (1).

Au pourtour de la salle, en-dehors, étoient des corridors *e e*, qui régnoient à chaque étage des loges; ces corridors n'étoient éclairés que par le moyen de deux petites cours, ou, pour mieux dire, de soupiraux *ff*, qu'on avoit pratiqués le long des murs des maisons voisines: & on arrivoit à ces corridors par deux escaliers à peine convenables dans une maison bourgeoise.

Au rez-de-chaussée étoit le Caffé, pratiqué sous l'Amphithéatre, & quelques autres pieces d'une nécessité absolue, comme des loges pour le Portier & pour la distribution des billets, enfin des latrines, &c.

Toutes ces pieces étoient petites & mal distribuées, ce qui n'avoit pu être autrement à cause de l'irrégularité du lieu & de son peu d'espace.

Le Théatre *g* avoit 53 pieds de largeur, sur 28 pieds de profondeur, & n'avoit qu'une issue qui donnoit dans des foyers, lesquels communiquoient à des loges d'Acteurs & autres pieces de nécessité, situées hors l'enceinte du Théatre & enveloppées de maisons voisines.

C'est en-dessous de ces dernieres pieces qu'étoit pratiqué un passage de 3 à 4 pieds de largeur, qui donnoit dans la rue des mauvais Garçons, & qui servoit de dégagement & d'entrée à la Comédie pour certaines personnes: le dessous du Théatre *fig.* 1, avoit peu de profondeur; quant au dessus ou cintre il étoit un peu plus considérable, & son comble construit en mansarde surpassoit de 18 pieds celui de la salle.

L'avant-scène de ce Théatre étoit composée de deux pilastres Corinthiens, au-devant desquels les loges affleuroient, ce qui rendoit l'ouverture de cette avant-scène de même largeur que la salle prise du devant des loges.

La façade extérieure de ce bâtiment n'avoit rien qui la distinguât des maisons particulieres,

(1) L'usage de jouer des instruments pendant les entr'actes, n'est pas fort ancien en France, car en 1582, lorsqu'on joua la Tragi-Comédie de *Bradamante*, de Robert Garnier, on y fit usage d'entremets, espece de jeux de Théatre: Jodelle avoit inventé les chœurs dans les Tragédies, & ils furent continués jusqu'en 1630 qu'on les supprima, parce qu'ils étoient embarrassants, & on leur substitua des Joueurs d'instruments, qui furent placés d'abord aux deux côtés du Théatre, ensuite on les mit au fond des troisiemes loges, puis aux secondes; & ce ne fut qu'au Théatre dont je fais la description qu'ils furent placés devant la scène.

PLANCHE 2.

si ce n'étoit le bas-relief de son fronton, audessous duquel étoient les Armes du Roi, & audessous de ces dernieres une espece de médaillon, où étoit renfermée une inscription relative à l'usage de ce bâtiment; ce qui, à mon avis, étoit très-nécessaire.

Le Théatre dont je viens de faire la description étoit, comme on l'a pu voir, un édifice de peu de conséquence, & dont la disposition, tant locale que raisonnée, étoit peu propre à son usage, sur-tout dans une capitale telle que Paris; cependant tous les autres Théatres qu'on a construits depuis, n'ont été, à quelques différences près, que des copies de celui-ci, & il a semblé jusqu'à présent que la forme & la disposition qu'on avoit données à ce premier Théatre François, fût la seule & la meilleure qu'on pût donner à ces sortes de monuments.

Ce n'est cependant pas que de temps à autres, & sur-tout depuis quelques années, plusieurs hommes de génie ne se soient élevés contre l'usage reçu, & n'ayent proposé des changements nécessaires dans la forme & la *disposition de nos* Théatres; mais leurs avis, quoi qu'aprouvés du plus grand nombre, n'ont pu l'emporter sur l'ancienneté des usages qu'on s'est obstiné à conserver, sans se rendre compte si ces mêmes usages étoient bien ou mal fondés, & si les changements qu'on proposoit leur étoient préférables.

Les Italiens ont les premiers fait quelques changements à la forme de leurs Théatres: dès qu'ils en ont reconnu les défauts, ils se sont efforcés de les corriger, du moins autant que les mœurs du pays l'ont pu permettre, & en peu d'années on a vu s'élever en Italie ces belles salles de Spectacles, qui font l'admiration des Etrangers, &, si j'ose le dire, la honte de ceux qui, n'ayant pas les mêmes obstacles à vaincre, n'ont pas le courage de les imiter.

PLANCHE 2.

Les changements les plus considérables que les Italiens ayent faits à leurs Spectacles, consistent dans la forme des salles & dans les parties qui leur sont accessoires, comme les corridors, les escaliers qu'ils firent vastes, nombreux, & les plus commodes possibles, &c.

Quant aux salles proprement dites, ils les firent vastes & d'une forme, qui, si elle n'est pas encore la meilleure qu'on leur puisse donner, approche du moins de la perfection, vers laquelle on n'a plus qu'un pas à faire, puisqu'il n'y a qu'à changer la forme de l'ellipse tronquée de la poire ou du soufflet (qui sont les formes des salles Italiennes) en un demi-cercle parfait, ou du moins en quelque chose d'approchant; car c'est la seule forme qui convienne aux salles de Spectacles: ils firent aussi leurs Théatres très-vastes, d'un accès facile, & bien éclairés; & si comme chez nous ils ne sont pas riches en machines, il en faut accuser moins leurs Constructeurs que les usages actuels du pays.

Pour prouver ce que je viens d'avancer, je vais donner une notice des principaux Théatres d'Italie, d'après laquelle on sera plus à portée d'en faire la comparaison, soit avec les Théatres François, soit avec ceux des Grecs & des Romains, dont j'ai parlé ci-dessus.

SECTION QUATRIEME.

Description abrégée des principaux Théatres d'Italie.

LES Théatres les plus considérables d'Italie, sont ceux de Vicence, de Parme, de Milan, de Venise, de Vérone, de Rome, de Turin, de Naples & de Bologne: je vais en donner une idée, en suivant l'ordre de leur érection, afin de faire mieux connoître la marche du progrès du Théatre Italien, depuis l'an 1580, jusqu'en 1760, c'est-à-dire, pendant l'espace de deux siécles.

THÉATRE DE VICENCE.

Le Théatre de *Vicence*, nommé *Théatre Olympique*, fut construit l'an 1583 ou 1584, par les soins de l'Académie Olympique, qui lui a donné son nom, & qui étoit elle-même établie dans la ville de Vicence dès l'an 1568. Ce Théatre, le premier & peut-être le plus beau des Théatres modernes d'Italie, fut construit sur les desseins d'André Palladio, & terminé par Vincent Scamozzi, son compatriote & son successeur dans la place d'Architecte de la République de Venise. Ce monument auquel on arrive par plusieurs rues, est d'une forme à-peu-près quarrée: il a 102 pieds de largeur dans œuvre, sur 100 pieds 6 pouces de profondeur; & quoique moderne, du moins quant au temps de son érection, il est cependant semblable à ceux des anciens pour la forme, & n'en differe que par son étendue & par sa couverture.

Le plan du Théatre (ou pour parler selon les usages reçus), de la salle, est une demi-ellipse, dont le grand axe, qui a 102

Planche 2.

pieds de longueur, est parallele à la face du Théatre, & le demi-petit axe 42 pieds.

L'intérieur de cette demi-ellipse, est en partie rempli par 13 rangs de gradins qui en suivent le contour, & qui servent à placer les Spectateurs, & en même-temps de soubassement à une colonnade qui décore le pourtour de la salle. Ces gradins occupent une étendue de 21 pieds; une partie des entre-colonnements de cette colonnade, sert à placer des Spectateurs, & les autres sont remplis par des niches dans lesquelles sont placées des figures.

Cette colonnade est terminée par une balustrade qui sert d'appui à une galerie supérieure, & sur les socles de laquelle, & à l'à-plomb des colonnes, sont placées des figures qui représentent les grands Hommes de l'antiquité. Au-dessus de cette colonnade, regne une galerie où l'on place des Spectateurs, y ayant encore assez de distance entre cette derniere & le plafond de la salle qui passe droit dans toute son étendue.

Le comble est très-peu élevé, ainsi que tous ceux d'Italie; sa charpente est d'une composition simple, quoique très-solide, puisqu'elle subsiste depuis près de deux siécles sans aucune altération sensible. De plus, les *entraits* de la charpente du comble, sont disposés perpendiculairement à la face de l'édifice, de maniere qu'ils vont de la salle au Théatre, ce qui en diminue considérablement la portée.

La hauteur de la salle est de 52 pieds du dessus du pavé au-dessous du plafond, dont environ 18 sont occupés par la *scalinata* ou degrés, 20 par la colonnade & sa balustrade, de sorte qu'il reste encore environ 14 pieds de vuide entre cette derniere & le plafond de la salle (1).

La platée ou espace vuide qui se trouve entre les degrés & le devant de la scène, est de 55 pieds 2 pouces de largeur, sur 17 pieds 3 pouces de profondeur, jusqu'à l'axe de la demi-ellipse de la salle où se terminent les gradins, & de 20 pieds 6 pouces jusqu'au devant du Théatre. Cette platée ou parterre se remonte quelquefois au nud du Théatre lorsqu'on veut en faire une salle de bal, ce qui me fait présumer que le premier gradin & le dessus du Théatre sont au niveau l'un de l'autre.

Planche 2.

La scène de ce Théatre est disposée à la maniere des anciens, c'est-à-dire, qu'elle a beaucoup de largeur & peu de profondeur.

Le *proscenium* ou avant-scène a 67 pieds 8 pouces de largeur, & est décoré de deux Ordres Corinthien & d'un Attique, lesquels ont ensemble 45 pieds 6 pouces de hauteur. La scène proprement dite, a 76 pieds 8 pouces de largeur au nud des murs, sur 21 pieds de profondeur : sa décoration ornée de colonnes, représente un arc de triomphe dédié à Hercule, dont les travaux sont exprimés dans dix bas-reliefs dont cette scène est ornée.

Cette scène est percée de cinq portes, savoir trois sur la face & deux aux deux aîles en retour; celle du milieu a 12 pieds de largeur, & les quatres autres environ 5 pieds 6 pouces: elles donnent toutes entrée à des rues où sont représentées en relief des décorations de temples, de forêts, des maisons, &c. Ces décorations sont toutes de Vincent Scamozzi, ainsi que celles du Théatre & de la salle, du moins certainement ces dernieres, dont le genre d'Architecture le fait présumer ainsi; & cela est d'autant plus vraisemblable, que Palladio, mort le 19 Août 1580, n'a donné que les plans de cet édifice terminé en 1584, comme le porte l'inscription placée au-dessus de l'avant-scène.

L'arriere-scène a environ 30 pieds de profondeur sur toute la largeur de l'édifice, qui, comme je l'ai dit plus haut, est de 102 pieds.

En général, le Théatre de Vicence a de tout temps été regardé par les connoisseurs comme l'ouvrage le plus accompli en ce genre, sur-tout par rapport à sa forme; cependant c'est le premier & le dernier des Théatres modernes qui ait été construit ainsi; ceux qu'on éleva dans la suite ont tous une forme absolument différente, à quoi a peut-être beaucoup contribué le goût des représentations théatrales à machines, qui commençoit à régner en Italie vers le milieu du siecle où le Théatre de Vicence fut construit.

Théatre de Parme.

Le Théatre de *Parme* est le plus vaste & le

(1) Si je ne donne pas affirmativement toutes les mesures dont je parle ici, c'est que n'ayant pas été en Italie, je n'ai pu que copier quelques plans de ces Théatres & les descriptions qui en ont été faites, qui ne sont pas toutes d'accord les unes avec les autres, & sont souvent très-différentes, sur-tout pour ce qui est des mesures; & que ce n'est qu'en comparant ces différentes descriptions avec les plans que j'ai entre les mains, que je suis parvenu à donner des mesures, qui, si elles ne sont pas parfaitement exactes, approchent le plus près de la vérité, du moins autant qu'il m'a été possible de le faire : c'est pourquoi j'ai cru devoir avertir mes Lecteurs de cette difficulté, afin qu'ils soyent en état de me rendre justice, lorsqu'ils me verront douter de l'exactitude des mesures que je donne dans la Description des Théatres étrangers, dont les plans que nous en avons entre les mains, la plupart sans aucune description & même sans cote, n'ont pas tous été levés par des gens du mérite de Desgodets.

PLANCHE 2.

plus magnifique des Théatres modernes: il fut construit par les ordres des Ducs de Parme de la Maison de Farnèse, dont le dernier Duc, Antoine, mourut en 1731.

On n'est point certain lequel des Princes de cette Maison le fit construire, ni quel en fut l'Architecte. Les uns prétendent que ce fut Vignole, d'autres Palladio ou Scamozzi, ou même quelques Architectes plus modernes, puisqu'ils avancent que ce fut le Bernin qui y mit la derniere main. Quoi qu'il en soit, il y a tout à croire que ce Théatre ne fut construit qu'à la fin du seizieme siecle ou au commencement du dix-septieme: on le conjecture ainsi, tant par rapport à sa forme, qu'au genre de son Architecture, & au temps où la puissance des Ducs de Parme fut solidement établie (1).

La salle de ce Théatre, la plus vaste qu'on ait construite chez les Modernes, a 92 pieds de largeur dans œuvre, sur 117 pieds de profondeur du devant de l'ouverture de l'avant-scène jusqu'au fond des galeries formant des loges dans lesquelles se placent les *Spectateurs*, & sa hauteur totale du nud du parterre au-dessous du plafond est de 82 pieds 6 pouces.

Le plan de cette salle forme un parallélogramme dont la partie opposée au Théatre est circulaire; elle est décorée dans la plus grande partie de son pourtour d'une espece de piedestal ou stilobate continu, sur lequel sont placés 14 rangs de gradins. Ces derniers servent de soubassement à deux Ordres d'Architecture Dorique & Ionique formant des galeries, dont la retombée des archivoltes est supportée par de petits Ordres *colonnes* isolés, & de même expression que les grands qui sont aussi colonnes, mais qui sont engagés d'environ la moitié de leur diametre dans des *allettes* ou pieds-droits. Sur ces derniers sont appliqués en retour d'équerre des pilastres qui portent l'extrémité des archivoltes, qui étant retournées horizontalement, servent d'impostes aux arcades. Les bases de l'Ordre Dorique, tant grand que petit, portent à nud sur le dernier gradin; & comme les colonnes du grand Ordre sont beaucoup plus saillantes que celles du petit, il y a sous les premieres des socles qui occupent la hauteur de deux gradins, ce qui fait une hauteur de 3 pieds 7 pouces, chaque gradin ayant à peu-près 21 pouces 5 lignes de haut: comme la saillie des colonnes du grand Ordre Dorique est un peu considérable, l'entablement fait un ressaut à l'endroit de chaque colonne.

PLANCHE 2.

L'Ordre Ionique est disposé de la même maniere que le premier, à l'exception qu'il y a à chaque arcade une balustrade dont les extrémités viennent rencontrer le fût des petites colonnes; & leurs bases, ainsi que celles des grandes, portent immédiatement sur l'entablement de l'Ordre Dorique.

Au-dessus de l'Ordre Ionique regne une balustrade qui forme une troisieme galerie, sur laquelle peuvent se placer une quantité considérable de Spectateurs, vu qu'il y a encore 11 pieds 4 pouces de distance entre le plancher de cette galerie au-dessous du plafond de la salle, dont toute la hauteur est en partie occupée par les gradins & les loges, savoir 8 pieds 6 pouces pour le socle qui porte les gradins, 25 pieds pour les gradins, 19 pieds 8 pouces pour l'Ordre Dorique avec son entablement, 18 pieds pour l'Ordre Ionique de dessus, 3 pieds 8 pouces pour la balustrade qui couronne ce dernier, & 7 pieds 8 pouces de hauteur apparente d'attique avec sa corniche.

Les galeries que forment les deux Ordres d'Architecture ont 15 pieds de saillie du nud des murs au-devant des colonnes du grand Ordre Dorique, & il y a dans chacune quatre rangs de gradins, derriere lesquels sont des couloirs d'environ 4 pieds ½ de largeur. Ces gradins, ainsi que ceux de l'intérieur de la salle, n'ont qu'environ 15 pouces 7 lignes de saillie, ce qui fait que leur inclinaison totale est extrêmement rapide, en quoi ils different de ceux des anciens Théatres dont la hauteur étoit à la largeur, comme un est à deux, à peu de chose près. Au bas des gradins intérieurs, regne un trottoir de 2 pieds 6 pouces de largeur, & sur le devant de ce dernier une balustrade d'appui sur les socles de laquelle sont placées des figures d'enfans, qui portent des

(1) Le premier Duc de Parme fut Louis Farnèse, fils du Pape Paul III, élu en 1534, lequel lui donna l'investiture de ce Duché, comme d'un Fief appartenant à l'Eglise. Ce premier Duc fut assassiné à Parme en 1547, & son fils Octave Farnèse, qui épousa une fille naturelle de Charles V pour avoir la confirmation de l'investiture de son Duché, ne put guere être en état de faire construire un aussi vaste édifice, à cause des troubles qui agitoient pour lors l'Italie, & qui ne finirent que long-tems après; de sorte qu'il n'y a guere d'apparence que Vigaole, mort en 1573, & d'ailleurs très-occupé vers la fin de sa vie à la fabrique de S. Pierre de Rome, ait été l'Architecte de ce Théatre: de plus, dans le dénombrement des Œuvres de cet Architecte, il n'en est fait aucune mention, non plus que dans ceux de Palladio; ainsi il y a tout à croire que c'est quelque Architecte plus moderne qui est l'Auteur; & cela est d'autant plus vraisemblable, que le genre d'Architecture, qui approche à la vérité de celui de Vignole, est très-différent de celui de Palladio, & encore plus de Scamozzi.

Planche 2.

Torchieres qui servent à éclairer la salle.

Dans le milieu du rond-point de la salle & au nud des premiers gradins, est placée la loge du Prince, à laquelle on arrive par deux escaliers à vis situés aux deux côtés. Cette loge ne fait point une partie à part, mais seulement un enfoncement pris dans la saillie des gradins qui sont coupés à cet endroit.

Les loges, ainsi que les gradins, n'occupent pas tout le pourtour de la salle ; mais ils laissent un espace vuide de 44 pieds entre eux & le devant de l'avant-scène prise au nud de son ouverture, dont la largeur est de 36 pieds.

Cette avant-scène forme deux retours d'équerre de chaque côté au-dedans de la salle, & elle est décorée d'un grand Ordre Corinthien, dans les entre-colonnements duquel il y a des niches & des statues.

La distance qui reste à chaque côté de la salle, depuis la plus grande saillie de l'avant-scène jusqu'aux gradins, est occupée par des arcs de triomphe qui servent d'entrée à la salle, & au-dessus desquels sont placés des statues équestres.

Le parterre de cette salle est très-vaste : sa longueur est de 88 pieds sur 46 de largeur entre les gradins, & du double plus large à l'endroit des portes latérales ; ce qui, joint aux places des gradins & des galeries, donne un espace suffisant pour placer 10 à 12000 personnes.

Le Théatre a 120 pieds de long sur 93 de large, & est disposé de maniere que des chars & des chevaux peuvent y monter commodément. La charpente du comble de ce Théatre est très-belle, & quoique légere, d'une grande solidité ; les entraits y sont de trois pieces ralongées avec beaucoup d'art, & leurs joints retenus avec des liens de fer qui en empêchent l'écart.

Ce vaste édifice est très-dégradé, & si on n'y joue plus depuis 1733, c'est parce que les représentations y sont trop dispendieuses, & non pas, comme bien des gens se l'imaginent, par la raison qu'il est trop vaste pour qu'on puisse y entendre les Acteurs ; au contraire, sa disposition est si avantageuse aux sons, que des gens dignes de foi m'ont assuré qu'étant placés à l'extrémité de la salle, ils entendoient distinctement ce que d'autres personnes disoient sur le Théatre.

Par la courte description que je viens de faire du Théatre de Parme, on peut voir qu'il tient par sa disposition générale le milieu entre les Théatres des Anciens, imités en partie par Palladio dans celui de Vicence, & ceux des Modernes, tels qu'on les a faits jusqu'à présent, & que ce qu'il y a de remarquable, c'est que les Italiens ont tout de suite porté ce genre d'édifice à un degré de perfection inconnu par-tout ailleurs ; d'où l'on peut présumer que si les Théatres qu'ils ont érigés dans la suite ont été bien inférieurs à celui-ci, c'est que différentes causes, soit locales ou pécuniaires, les en ont empêchés, plutôt que le défaut de génie, ainsi que je l'ai dit ci-dessus.

Théatre de Milan.

Le Théatre de *Milan* (1) est le plus ancien de l'Italie, après ceux dont je viens de parler ; il fut construit vers 1600 : sa forme générale est un parallélogramme de 29 toises & demie de longueur dans œuvre, sur 81 pieds 6 pouces de largeur moyenne ; la partie du devant, où est la salle, ayant 13 pieds de moins large que vers le fond du Théatre.

La salle est basse, longue & évasée du côté du Théatre, & les angles du fond en sont arrondis ; sa largeur est de 46 pieds au plus large sur 42 au plus étroit, le tout du devant des loges, & elle a 80 pieds de profondeur du devant de l'avant-scène au devant des loges du fond.

Il y a 5 rangs de loges sur la hauteur, au nombre de 35 à chaque rang ; elles sont toutes fermées avec des volets, parce qu'il est d'usage d'y jouer ou d'y tenir conversation. Ces loges ont environ 6 pieds quarrés sur tous les sens, & on y communique par des corridors, qui, à chaque étage, tournent autour de la salle ; & ce qu'il y a de singulier, c'est que dans ces corridors, & vis-à-vis de chaque loge, il y a des garde-robes correspondantes à chacune d'elles, ce qui, me semble, annonce le goût de particularité qui régnoit alors en Italie, lequel a certainement donné naissance à l'usage des loges particulieres qu'on a mal-adroitement imitées en France, sans cependant avoir les mêmes raisons, voyez ce que j'ai dit à ce sujet, *page 25*.

Les séparations de ces loges ne sont pas perpendiculaires aux faces de la salle, mais elles sont plus ou moins convergentes au Théatre à mesure qu'elles s'éloignent de la scène : on l'a pratiquée ainsi, afin que ceux qui se trouvent placés au fond des loges, puissent aisément voir la scène.

Ces loges n'ont pas de banquettes, ainsi

(1) Ce Théatre vient d'être brûlé le Dimanche 1er Mars 1776.

que

PLANCHE 2.

que toutes celles de la plupart des Théatres d'Italie, à cause de l'usage où l'on est d'y jouer & d'y tenir des conversations. L'ouverture de l'avant-scène est prise du devant des loges, qu'elle affleure, & elle n'a aucune décoration remarquable.

Le Théatre est peu considérable : il n'a que 60 pieds de profondeur, & n'est éclairé que par le haut, ainsi que tout le reste du bâtiment dont le local a plutôt l'air d'un jeu de paume que d'un Théatre.

Le Théatre de Milan, tout imparfait qu'on vient de le voir, a pourtant servi de modele à la plus grande partie de ceux qu'on a construits depuis, tant en Italie, que dans le reste de l'Europe, où l'usage des loges & la forme barlongue des salles a prévalu jusqu'au commencement de ce siecle, comme on le verra ci-après.

THÉATRE DE MODENE.

Le Théatre de *Modene*, fut construit vers l'an 1638, par les ordres du Duc François I, dans le Palazzo del Publico, d'après les desseins & sous la conduite de l'Avanzini. Il ne subsiste plus maintenant ; on l'a détruit pour y faire un douane ; mais nous en avons une copie dans celui des Thuileries, appellé communément la *Salle des Machines*, auquel le premier servit de modele, & qui fut construit par le même Architecte, que Louis XIV fit venir exprès à Paris. Cette salle étoit très-magnifique ; mais la forme longue & étroite du Théatre & de la salle, est un défaut intolérable qu'il faut peut-être plutôt attribuer au goût dominant de ce temps & à l'usage reçu, qu'au peu de talents de l'Architecte.

THÉATRE DE VENISE.

Il y a sept Théatres à Venise; savoir trois de Comédie & quatre d'Opera : un de ces derniers, le plus considérable & le plus ancien de tous, se nomme *S. Cassano ;* c'est le premier Théatre d'Opéra, & il fut établi en 1637 : il est à peu-près semblable à celui de Milan, dont il ne differe que par son Théatre proprement dit, qui dans son origine étoit disposé à recevoir de belles machines qui y étoient effectivement, mais qu'on n'y retrouve plus, le goût des Opéra Italiens, ayant changé à cet égard.

Les loges des Théatres de Venise sont fermées ; on y joue & on y tient des conversations : tout le monde est assis au parterre, & l'on peut assurer que cet usage est général pour tous les Théatres d'Italie.

THÉATRE DE VÉRONE.

Le Théatre de *Vérone* fut construit en 1718 ; il est beau & vaste : la forme de la salle est presque circulaire ; elle contient 5 rangs de loges, 27 à chaque rang ; elles sont disposées en pente, ce qui fait qu'elles font ressaut les unes sur les autres, comme on l'a pratiqué à plusieurs salles d'Italie.

Ce Théatre est le premier des Théatres modernes, où l'on a imaginé de changer la forme oblongue de la salle en une partie de cercle, ce qui est le plus conforme à l'usage auquel elle est destinée ; & on l'a suivie, à quelque différence près, à toutes les salles d'Italie qui ont été construites depuis.

THÉATRE DE ROME.

Il n'y a pas de ville en Italie où il y ait autant de Théatres qu'à Rome, puisqu'ils y sont au nombre de neuf, savoir *Argentine*, *Aliberti*, *Tordinoni*, *Capranica*, *la Valle*, *Granani*, *Pala corde*, *la Pace*, & le *Séminaire Romain*.

Le plus beau de ces Théatres est celui d'Argentine, ainsi nommé du voisinage d'une Tour qu'on appelle *Torre Argentina* ; il fut construit en 1732 sur les desseins du Marquis Jérôme Teodoli, Architecte. Cet édifice a 176 pieds 2 pouces de longueur dans œuvre, sur 71 pieds de largeur à l'endroit de la salle, 77 à la partie du devant du Théatre, & 60 à l'arriere-scène : la salle a la forme d'un œuf tronqué par son petit diametre ; elle a 50 pieds de largeur du devant des loges pris à son plus grand diametre, sur 56 pieds de profondeur du devant de la loge du fond, au devant de l'avant-scène, qui bombe un peu en dedans de la salle.

Il y a 6 rangs de loges, lesquelles produisent environ 42 pieds de hauteur jusqu'à la naissance du plafond qui est d'une forme bombée. Les loges sont convergentes au Théatre & au nombre de 31 à chaque rang, & elles ont environ 6 pieds en quarré de surface.

La décoration de cette salle est peu agréable à cause de la monotonie de ces loges ; & elle n'est recommandable que par rapport à sa forme qui est très-agréable, encore qu'elle soit suceptible d'une plus grande perfection.

L'ouverture de l'avant-scène est de toute la hauteur de la salle, & elle a 37 pieds de largeur ; de maniere qu'elle affleure le devant des loges. Le Théatre est divisé en trois parties, dont la premiere qui a 77 pieds de largeur sur 49 pieds 6 pouces de profondeur, a de hauteur celle de la salle & de son comble, qui est commun à tous deux ; la seconde a 60 pieds de largeur sur 26 pieds 2 pouces de profondeur, & est moins haute que la premiere, avec laquelle elle communique par une ouverture

Planche 2.

d'environ 36 pieds quarrés ; la troisieme enfin, qui est encore moins haute que la premiere, n'est qu'une espece de dépôt de 19 pieds 6 pouces de profondeur, lequel peut néanmoins servir à prolonger le lointain de la scène.

Le comble de la premiere partie du Théatre, est assez bien disposé pour recevoir quelques machines ; mais il ne peut y en avoir en dessous parce qu'on ne lui a donné que 6 pieds 6 pouces de profondeur, ce qui est à peine suffisant pour placer & faire mouvoir les chariots des faux-chassis de changement. Ce Théatre n'a point de machines, quoique l'on y joue ordinairement l'Opéra ; mais, comme je l'ai dit, les Opéra Italiens sont bien différents des nôtres.

L'extérieur de ce Théatre n'a rien de remarquable ; il ressemble à peu-près à une grange, ou à nos Spectacles de foire ; de plus, il est sans dégagement, & privé du jour & de l'air nécessaire ; & s'il peut avoir quelque réputation méritée, ce n'est qu'en le comparant à nos anciens Théatres François, qui, pour la plupart, sont de mauvaises copies de ceux d'Italie ; tout ce que celui-ci a de plus avantageux, c'est qu'il est presque tout bâti en pierres & en briques, ce qui le rend en quelque façon incombustible, & parconséquent moins sujet aux accidents du feu.

Le Théatre du Séminaire Romain, a aussi quelque mérite ; mais ce n'est que par rapport à ses machines ; c'est pourquoi je n'en parlerai que dans la seconde partie de cet Ouvrage.

Théatre de Turin.

Le Théatre de *Turin* est le plus considérable de l'Italie, sinon pour la grandeur, du moins pour la beauté de sa composition & pour le nombre de ses issues, & des pieces de commodité qui l'accompagnent ; il est situé proche le Palais du Roi, qui peut y venir sans sortir de ses appartements. Ce Théatre fut construit en 1740 sur les desseins & sous la conduite du Comte Alfieri, connu par divers ouvrages d'Architecture, dont celui-ci est certainement un des plus considérables.

Cet édifice a de longueur 42 toises ou 252 pieds dans œuvre, sur 100 pieds de largeur aussi dans œuvre ; le sol du parterre est élevé de 17 pieds au-dessus de celui de la rue, de maniere que cette hauteur forme un soubassement percé d'arcades, par lesquelles les voitures passent sous la salle pour arriver au vestibule & de-là aux escaliers du Théatre, ce qui est d'autant plus commode, que, quelque temps qu'il fasse, on peut y arriver à pied sec, du moins en descendant de voiture : ce soubassement regne aussi dessous le Théatre, qui, par ce moyen, n'a de profondeur que ce qui est nécessaire pour le jeu des faux-chassis.

Planche 2.

La forme de la salle est une ovale irréguliere tronquée, ou comme on dit ordinairement, un fer à cheval : sa largeur, du devant des loges, est de 51 pieds sur 58 de longueur du nud des loges du fond au devant du Théatre, qui saillit au-delà de l'avant-scène d'environ une toise. La hauteur de la salle est de 51 pieds du nud du parquet au plus haut du cintre de la voûte qui est bombée, selon un arc dont le centre est sur le sol de la salle.

Cette hauteur, d'après la retombée de la voûte, est occupée par six rangs de loges de trente-une chacun, & vingt-six aux deux & troisieme rangs, où est placée la loge du Roi au fond de la salle. Cette loge qui est magnifique & très-vaste, forme un sallon de 18 à 20 pieds de diametre qu'on peut diminuer à volonté, en raison du nombre de ceux qui accompagnent le Roi, ou de la rigueur de la saison.

On y arrive par une suite d'autres pieces de convenance, comme salles des Gardes des Pages, sallon du Roi, &c. & elle est accompagnée de tous les dégagements & de toutes les commodités nécessaires.

Les autres loges ont chacune 6 pieds de largeur d'axe en axe, sur à peu-près 6 pieds 6 pouces de hauteur, & l'appui de la premiere est élevé de 5 pieds au-dessus du sol du parterre, qui est de niveau dans toute son étendue.

On arrive aux corridors qui entourent les loges par quatre escaliers placés aux quatre angles de la salle, ce qui en facilite la communication ; ces corridors sont d'ailleurs accompagnés de toutes les commodités nécessaires, & de même à chaque étage.

Toutes les loges sont convergentes au Théatre, & on a eu soin d'y éviter toute espece d'angles aigus qui pourroient absorber les sons ou en empêcher la continuité.

L'orchestre est placé sur une voûte renversée, dont la disposition sert au renvoi des sons, & elle est bombée du côté du parterre, ainsi que toutes les banquettes dont il est rempli, lesquelles ont un centre commun avec le dehors de l'orchestre auquel elles sont par conséquent toutes paralleles.

L'avant-scène a 42 pieds d'ouverture en largeur, sur 39 pieds de hauteur pris du

PLANCHE 2.

nud du Théatre, qui est de 5 pieds 6 pouces plus élevé que le sol de la salle; il est décoré de quatre colonnes Corinthiennes de 22 pieds de hauteur, portées par un socle de 3 pieds 6 pouces, & couronnées d'un entablement architravé & d'un attique formant amortissement dans la voûte de la salle.

Les colonnes de l'avant-scène sont disposées de maniere qu'elles affleurent le devant des loges, & elles sont éloignées l'une de l'autre de 5 pieds 6 pouces, ce qui a produit assez d'espace pour pratiquer des loges dans leurs entre-colonnements, au nombre de 3 sur la hauteur.

Le Théatre a 17 toises 4 pieds de longueur, & forme deux parties, l'une qui a 76 pieds de largeur sur 12 toises de profondeur y compris la saillie de l'avant-scène, & l'autre 8 toises de largeur sur 5 toises 4 pieds de profondeur.

Derriere cette arriere-scène il y a encore une cour de 24 pieds de profondeur qui peut servir à prolonger la scène, & dans laquelle on peut faire des feux d'artifice.

A côté de cette cour est pratiqué un escalier en pente douce, par lequel on peut faire entrer des chevaux par le côté de l'arriere-scène, ce qui est très-utile dans les grandes pieces.

La grande partie du Théatre est éclairée d'un côté par quatre rangs de quatre croisées de hauteur, & sur les murs sont pratiqués intérieurement deux rangs de balcons saillants, propres au service des décorations.

Le comble ou cintre de cet édifice est *bien éclairé*, d'une vaste étendue & d'une belle construction; il peut être, à bien des égards, proposé comme un modele des belles productions en ce genre d'ouvrage.

Indépendamment des pieces principales dont je viens de parler, il y en a quantité d'autres, comme des salles de jeu, de répétition, des loges & des foyers pour les Acteurs, des magasins, &c. dans le détail desquels je n'entrerai pas ici, mon dessein n'étant que de donner une description abrégée de ce Théatre, ainsi que de ceux dont j'ai parlé jusqu'à présent.

THÉATRE DE NAPLES

Des trois Théatres de *Naples*, celui de S. Charles ou le Théatre Royal, est le plus considérable; il est le plus grand d'Italie après celui de Parme, & a été construit en 1743 ou 1744 sur les desseins d'*Angelo Caresale*, qui de Maréchal ferrant devint homme d'affaires dans la Maison du Roi de Naples, & fut ensuite l'Architecte du Château de *Capo-di-Monte*, conjointement avec l'Ingénieur *Meterani*, & enfin du Théatre dont je parle.

PLANCHE 2.

Cet édifice a 43 toises & demie de longueur dans œuvre, sur 20 toises de largeur aussi dans œuvre, y compris la galerie qui communique au Palais du Roi.

Sa façade extérieure est décorée d'un vestibule formant terrasse, qui ne s'éleve qu'à la hauteur de 37 pieds, dans lequel sont compris trois escaliers vastes & commodes aboutissant à une galerie qui passe derriere la salle, au bout de laquelle sont deux grands escaliers qui montent aux différents étages des loges.

La salle est en forme de fer à cheval, & a 67 pieds 2 pouces de largeur du devant des loges, sur 62 pieds 3 pouces de profondeur du devant du Théatre au nud de la loge du fond, ou 73 pieds 3 pouces de cette derniere au devant du mur de l'avant-scène; le Théatre saille de 11 pieds en dedans de la salle.

La hauteur de cette salle est de 68 pieds 6 pouces du sol du parterre au-dessous du plafond qui passe droit; il y a 6 rangs de 29 loges aux trois derniers rangs, & de 28 aux trois autres; celle du milieu de ces dernieres étant occupée au rez-de-chaussée par la porte d'entrée du parterre, & par une grande loge qui a 15 pieds de hauteur, & qui par conséquent intercepte le second & le troisieme rang.

Ces loges ont chacune 6 pieds 5 pouces d'axe en axe, & à peu-près 6 pieds de profondeur; elles sont toutes convergentes au Théatre, & elles ont environ 8 pieds de hauteur: l'appui des premieres est élevé de 8 pieds au-dessus du sol de la salle, qui est lui-même élevé de 13 pieds 6 pouces au-dessus du sol de la rue.

L'avant-scène est très-simple; son ouverture a 48 pieds 3 pouces de largeur sur 52 pieds de hauteur; elle affleure au devant des loges, ou du moins elle les déborde de peu de chose.

Le Théatre a 106 pieds 1 pouce de largeur, sur 96 pieds 9 pouces de profondeur du devant de la scène au mur qui sépare l'arriere-scène, qui a 32 pieds 6 pouces de profondeur sur 34 pieds 9 pouces de largeur, ce qui fait en tout 129 pieds 3 pouces de profondeur totale.

La profondeur intérieure du Théatre, prise en dedans du mur de l'avant-scène, n'est que de 78 pieds; & comme la largeur est très-considérable vu la grande portée des entraits du comble, on y a élevé deux murs paralleles, formant de chaque côté

PLANCHE 2.

quatre grandes arcades dont les pieds-droits n'ont que 5 pieds de largeur, ce qui ne nuit en rien au service du Theatre, & forme un point d'appui suffisant pour supporter le poids du comble.

Ces murs ou arcades sont distants de 17 pieds des murs du Théatre, de maniere qu'il reste encore entre eux un espace de 63 pieds 7 pouces, ce qui seroit suffisant pour le jeu des faux-chassis, si l'ouverture de l'avant-scène étoit un peu moins considérable, comparaison faite avec l'espace qui reste entre ces arcades, dont les premiers pieds-droits doivent gêner. Le comble de ce Théatre a beaucoup d'élévation & a une belle charpente; mais il est peu éclairé, ainsi que le Théatre & le dehors de la salle, défaut qu'en général on peut reprocher à presque tous les Théatres modernes.

Il n'y a de dessous à ce Théatre que ce qui est nécessaire pour le mouvement des faux-chassis, toutes les machines étant placées dans le cintre, du moins le peu qu'il y en a.

THÉATRE DE BOLOGNE.

Le Théatre de *Bologne* fut construit en 1760 sur les ruines du Palais Bentivoglio, qui avoit été démoli par les ordres de Jules II en 1505, & fut nommé *Théatro-Nuovo*. Ce Théatre est beau, & d'une certaine grandeur; ce qu'il y a de remarquable, c'est que les loges y sont en retraite au-dessus les unes des autres, à peu-près dans le goût du beau Théatre de Lyon de M. Souflot, terminé en 1756, & ne sont pas fermées comme dans le reste de l'Italie. Les mœurs & les usages qui peu à peu s'alterent ou se perfectionnent, ont permis ou même autorisé ce changement, de maniere que les Italiens, qui jusqu'à ce temps avoient donné le ton à l'Europe pour la construction des Théatres, ont cru devoir adopter les changements que nos Artistes avoient jugé à propos d'y faire lorsqu'ils en ont reconnu l'utilité. Que ne suivons nous leur exemple, nous, à qui des mœurs plus libres, ou, pour mieux dire, moins assujetties à certains usages nationaux, donnent plus de facilité, & chez qui elles opposent moins d'obstacles au génie des Artistes. Nous n'avons qu'à vouloir, & on ne nous fera plus le reproche, que les belles salles de Théatres sont en Italie, & les belles pieces de Théatre en France (1).

Je ne ferai aucune description des Théatres d'Allemagne, d'Angleterre & d'Espagne, parce qu'ils sont de peu de conséquence pour la plupart, & que leur forme differe peu de ceux d'Italie, qui semblent, ainsi que je l'ai déja dit, avoir servi de modeles à tous les Théatres modernes de l'Europe. Cependant pour rendre cet Ouvrage plus complet, je vais joindre ici une Table, dans laquelle seront représentées les dimensions des principaux Théatres de l'Europe, pour que d'un seul coup d'œil on puisse les comparer les uns avec les autres.

(1) Ce reproche que nous a fait M. de Voltaire, pouvoit être fondé à bien des égards il y a un demi-siecle; mais actuellement il ne peut plus guere avoir lieu, puisque nous avons en France des salles qui égalent & surpassent même en beauté & en magnificence celles d'Italie: d'ailleurs est-il bien vrai que ces dernieres méritent toute leur réputation, & sont-elles portées au degré de perfection dont ce genre d'édifice peut être susceptible? c'est ce que l'on ne fera pas aisément croire à ceux qui les ont examinées avec attention, & qui ont une parfaite connoissance du local des Théatres, non pas tel qu'ils sont, mais tels qu'ils devroient être. Mon intention n'est cependant pas de déprimer le mérite des Théatres d'Italie; au contraire je rends justice à leur beauté ainsi qu'on l'a pu voir dans la courte description que j'en ai faite. Tout ce que je souhaiterois, c'est qu'en les considérant comme de belles choses, on distinguât leurs défauts, & qu'on se défit du préjugé où l'on est en France d'adopter & de recevoir sans examen toutes les productions des Etrangers, & cela par la seule raison qu'elles ont la réputation d'être belles, ou, si je l'ose dire, par une fausse affectation de modestie ou de philosophie devenue à la mode, qui, en nous portant à mépriser nos Concitoyens pour louer les Etrangers, semble ne tendre qu'à éteindre en nous cet amour propre national, si nécessaire à former les bons Citoyens & les grands Hommes dans tous les genres de Sciences, tant utiles qu'agréables.

TABLEAU

TABLEAU *dans lequel sont détaillées les dimensions principales des Théatres Modernes dont il est fait mention dans cet Ouvrage.*

	Noms des Théatres, & l'Année de leur érection.	Mesure totale.		Dimensions de la Salle.			Dimensions de l'Avant-Scene.		Dimensions du Théatre.		
		Longueur.	*Largeur.*	*Longueur.*	*Largeur.*	*Hauteur.*	*Largeur.*	*Hauteur.*	*Longueur.*	*Largeur.*	*Hauteur.*
ITALIE.	*Vicence*, 1584	100 pi. 6 po. dans-œuvre.	102 pieds. dans-œuvre.	39 pi. 6 po. *ou* 42	97 pi. 2 po. *ou* 102	52 pieds.	67 pi. 8. po.	45 pi. 6 po.	21 pieds. *ou* 52 pi.	76 pi. 8 po.	45 pi. 6. po. *ou* 60 pi. 6 p. sous faîte.
	Parme, vers 1600	264 pieds. dans-œuvre.	92 pi. dans-œuvre.	106 pi. *ou* 117	92 pieds.	82 pi. 6 po.	36 pieds.		120 pieds.	92 pieds.	
	Milan, 1600	177 pieds. dans-œuvre.	81 pi. 6 po. dans-œuvre.	80 pieds. *ou* 86	44 pieds. *ou* 56	environ 40 pi.	42 pi. *ou* 46		60 pieds.	86 pieds.	
	S. Cassano à Venise, 1637	à peu-près	semblable à	celui de	Milan.						
	Modene, 1638	à peu-près	semblable à	la Salle des	Machines des	Tuileries, à	Paris.				
	Vérone, 1717	d'une	moyenne	grandeur, &	remarquable	par la forme	de la Salle.				
	Argentine à Rome, 1732	176 pi. 2 po. dans-œuvre.	71 pieds. *ou* 77 *ou* 60 dans-œuvre.	56 pieds. *ou* 62	50 pieds. *ou* 62	45 pieds.	37 pieds.	36 pi. 6 po.	55 pi. *ou* 84 pi. 2 p. *ou* 115 pi. 2 po.	60 pi. *ou* 77	40 pi. *ou* 62 sous faîte.
	Turin, 1740	252 pieds. dans-œuvre.	100 pieds. dans-œuvre.	58 pieds. *ou* 65	51 pieds. *ou* 63	51 pieds.	42 pieds.	39 pieds.	72 pi. *ou* 106 *ou* 130	48 pi. *ou* 76	53 pi. *ou* 90 pi. sous faîte.
	Saint-Charles à Naples, 1744	261 pieds. dans-œuvre.	120 pieds. dans-œuvre.	62 pi. 3 po. *ou* 68 pi. 9	67 pi. 2 po. *ou* 79 2	68 pi. 6 po.	48 pi. 3 po.	52 pieds.	96 pi. 6 po. *ou* 129 3	63 pi. 7 po. *ou* 106 1	64 pi. *ou* 99 pi. 6 po. sous faîte.
	Bologne, 1760	d'une	moyenne	grandeur,	à peu-près	comme celui	de Lyon.				
ANGLETERRE.	*Coven Garden*	174 pieds. hors-d'œuv.	92 pieds. hors-d'œuvr.	42 pieds. du fond.	48 pieds. du fond.	35 pieds.	35 pieds.	25 pieds.	54 pi. *ou* 96	56 pieds.	63 pi. sous faîte.
	Opéra de Londres	170 pi. 6 po. hors-d'œuv.	116 pi. *ou* 153 hors-d'œuvr.	48 pi. du fond.	51 pi. du fond.	40 pieds.	39 pieds.	26 pieds.	59 pi. 6 po. *ou* 91 pi.	57 pieds.	36 pi. ou 60 sous faîte.
ALLEMAGNE.	*Berlin*	210 pieds. hors-d'œuv.	78 pieds. hors-d'œuvr.	49. pieds.	39 pieds.		27 pieds.		64 pi. *ou* 85	66 pieds.	
ESPAGNE.	*Madrid, Théatre Royal*	204 pieds. dans-œuvre.	93 pieds. dans-œuvre.	55 pieds. *ou* 68	60 pieds. *ou* 78		81 pieds.		84 pi. *ou* 121	82 pieds.	
FRANCE.	*Ancienne Comédie Françoise, en* 1689	105 pieds. *ou* 110 dans-œuvre.	54 pieds. dans-œuvre.	50 pi. *ou* 55	26 pieds. *ou* 35 pi. 6 p.	31 pi. 6 po.	30 pieds.	26 pieds.	28 pieds. *ou* 40	53 pieds.	43 pi. 6 po. *ou* 70 pi. sous faîte.
	Lyon, en 1756	168 pieds. hors-d'œuv.	112 pieds. hors-d'œuvr.	40 pieds. *ou* 46	33 pi. 6 po. *ou* 45 pi. 6 p.	41 pieds.	29 pi. 6 po.	30 pieds.	69 pi. *ou* 89 pi. 6 po.	50 pi. 6 po.	56 pi. sous clef.
	Versailles, en 1769	198 pieds. hors-d'œuvr.	112. pieds. hors-d'œuvr.	58 pieds.	60 pieds.	48 pieds.	41 pieds.	34 pieds.	88 pi. 4 po.	63 pieds. *ou* 104	59 pi. 4 po. *ou* 86 pi. 8 p. sous faîte.
	Opéra de Paris, en 1770	182 pieds. hors-d'œuv.	108 pieds. hors-d'œuv.	50 pieds. *ou* 56	38 pieds. *ou* 50	41 pieds.	36 pieds.	31 pi. 6 po.	79 pi. 6 po. *ou* 117 pi. 6 po.	50 pi. *ou* 64	46 pi. 6 po. *ou* 68 pi. sous faîte.
	Théatre Moderne projeté par l'Auteur.	292 pieds. hors-d'œuvr.	213 pi. 6 po. hors-d'œuvr.	43 pi. 6 po. 53 pi. 6 po.	87 pieds. *ou* 107	70 pieds.	50 pieds.	49 pi. 6 po.	106 pi. *ou* 125 pi. 6 po. *ou* 175	72 pieds. *ou* 107	89 pi. *ou* 120 sous faîte.

N. B. On a donné deux dimensions des Salles; l'une du nud de leurs murs, & l'autre du devant des loges pour celles qui se regardent, ou bien celles du fond au-devant de l'avant-scène; leur hauteur est de dessus le sol du parterre, celle de l'avant-scène du dessus du Théatre; & la hauteur des Théatres du dessus de leurs planchers: on n'a eu aucun égard à la profondeur de leurs dessous, qui est très-peu de chose pour la plus grande partie.

CHAPITRE TROISIEME.

Description d'un Projet de Théatre, dont la disposition est telle qu'on peut y donner divers genres de Spectacles, comme des Tragédies, des Comédies, des Opéra, des Concerts, des Bals, & même des Fêtes publiques.

Avant que d'entrer dans aucun détail au sujet du Projet dont il est ici question, j'ai cru ne pouvoir me dispenser de rendre compte des raisons qui m'ont déterminé à m'écarter de quelques usages reçus touchant la forme & la grandeur, soit de la Salle proprement dite, soit du Théatre & de toutes les pieces qui leur sont accessoires, que j'ai augmentées, diminuées ou même supprimées tout-à-fait, selon que cela m'a paru le plus convenable pour la perfection de l'édifice en général, pour la commodité des Spectateurs, des Acteurs, & des Ouvriers attachés aux différents Spectacles; considérations qui sont essentielles, & qui une fois bien conçues, doivent servir à conduire l'Architecte dans la composition d'un monument de cette espece.

Un Théatre tel que celui-ci, du moins selon l'idée que je m'en suis formée, doit être un édifice vaste, solidement construit, & situé dans un quartier de la Capitale également à la portée de tous les Citoyens, en observant cependant qu'il ne soit pas trop près des marchés, ni des principales rues, qui pour l'ordinaire sont embarrassées par les voitures de toutes especes, & dont il ne faut pas empêcher la circulation, autant que cela est possible.

Il doit être isolé de toutes parts, & par conséquent situé au milieu d'une place, dont l'étendue réponde à celle de l'édifice qu'elle contient, & à l'espace nécessaire pour que les voitures puissent s'y placer aisément, & laisser encore assez de voie pour que celles qui vont & viennent puissent circuler librement. Cette place doit être percée de plusieurs rues, dont les principales enfilent les lignes capitales de l'édifice, afin de lui procurer des points de vues convenables, pour que ceux qui arrivent puissent jouir facilement de son aspect, & pour que ceux qui sont dans l'intérieur jouissent également des différents points de vue, qui pour cela doivent être prolongés le plus qu'il est possible.

Il faut observer aussi que la face principale de l'édifice, dans lequel la salle se trouve placée, soit exposée au Nord, ou entre le Nord & le Levant, parce que les vents de cette région du ciel sont frais, & procurent un air pur & salubre, ce qui est très-essentiel pour conserver la santé des Spectateurs.

Quant au monument, sa forme & sa décoration doivent annoncer son usage; il faut qu'il soit un peu élevé au-dessus du sol de la place & entouré de portiques, tant au rez-de-chaussée qu'aux étages supérieurs, dans lesquels on puisse se promener à l'abri, avant ou pendant le Spectacle.

Ces portiques doivent être contigus avec les principales parties intérieures, comme la Salle & le Théatre, afin de leur procurer de l'air & du jour, objets très-négligés dans nos Théatres, quoique d'une nécessité indispensable. Il faut aussi observer que ces portiques soient parfaitement de plein-pied avec les corridors & autres pieces intérieures, afin de n'être pas obligé de monter ou de descendre en passant des uns aux autres.

En général les issues, tant des dedans que des dehors, doivent être nombreuses & bien situées, c'est-à-dire, qu'elles s'enfilent bien, pour faciliter la circulation des Spectateurs.

Il faut aussi qu'il y ait un nombre convenable d'escaliers qui conduisent aux différents étages. Ces escaliers doivent être vastes & d'un usage facile; leurs rampes droites, le plus qu'il est possible, & accompagnés de larges & fréquents paliers.

La Salle doit être vaste, sans cependant être trop grande, sa capacité devant être relative au nombre des Spectateurs qu'elle doit contenir le plus ordinairement, & encore plus à l'étendue des sons que forme la voix de l'Acteur, afin que les Spectateurs les plus éloignés puissent l'étendre aisément.

Quant à sa forme, elle doit être telle, que tous les Spectateurs voyent & entendent également bien, du moins ceux qui sont sur les mêmes rangs, & que ces derniers soient placés de maniere qu'ils ne se nuisent pas les uns aux autres, & qu'ils fassent eux-mêmes partie de la décoration de la salle, sans cependant confondre la différence des rangs établis par nos usages.

Il faut aussi avoir soin que la salle soit construite de maniere qu'elle conserve non-seulement bien les sons, mais encore qu'elle les augmente le plus qu'il est possible, ce qui exige beaucoup de soins de la part de l'Architecte, & l'oblige à préférer certaines formes, qui, sans être absolument incompatibles avec une décoration réguliere, l'empêchent de donner à cette même décoration autant de mouvement & de magnificence, qu'il auroit pu désirer.

La partie de la Salle dans laquelle se trouve comprise l'ouverture du Théatre, c'est-à-dire, l'avant-scène, doit être lisse, je veux dire, dégagée de toute espece de ressaut, dont les angles trop saillants & multipliés, pourroient arrêter la continuité des sons, & les empêcher de parvenir jusqu'aux Spectateurs; cette partie intermédiaire entre le *Théatre* & *la Salle* étant absolument faite pour servir de repoussoir à la voix de l'Acteur.

L'ouverture du Théatre doit être d'une grandeur relative à celle de la Salle; cependant il faut éviter de la faire trop petite, parce qu'il y auroit de la contradiction entre la grandeur de cette ouverture & celle des objets représentés sur le Théatre: ceux-ci doivent être à peu-près de grandeur naturelle, rien n'étant si ridicule que de voir, par exemple, des décorations représentant une place publique ou un temple, ou tout autre objet d'une certaine grandeur, réduits à un si petit module, que la hauteur des Acteurs, qui est toujours la même, semble être colossale, comparaison faite avec celle de ces mêmes objets ainsi représentés.

Quant au Théatre proprement dit, sa forme & sa grandeur demandent une étude toute particuliere de la part de l'Architecte, s'il veut lui donner toute la perfection nécessaire; c'est pourquoi, avant que de rien décider à cet égard, on doit prendre une parfaite connoissance de la forme, de la grandeur & du jeu des machines théatrales, & généralement de toutes les autres parties relatives au Théatre, précaution trop négligée jusqu'à présent par tous ceux qui ont construit nos Théatres modernes.

Après avoir acquis ces connoissances, & même avant que d'arrêter un projet, il faut disposer le Théatre selon la forme & la grandeur que les machine exigent, & faire en sorte que la lumiere & l'air y entrent au moins des deux côtés latéraux, tant sur le Théatre proprement dit, que dans le dessous & dans le cintre ou partie supérieure, ce qui est absolument nécessaire, tant pour la conservation des machines théatrales, que pour faciliter le travail des Ouvriers & éviter les incendies auxquels nos Théatres sont continuellement exposés, d'autant qu'on ne peut y travailler qu'à la lumiere des chandelles.

Après la Salle & le Théatre, il est d'autres pieces de nécessité, comme de vastes atteliers pour les Menuisiers & les Peintres, des loges ou chambres pour les Acteurs & Actrices, des salles ou chauffoirs communs pour les uns & les autres, une ou plusieurs salles pour les répétitions, un logement pour le Concierge, des chambres ou magasins pour serrer les habits des Acteurs & autres effets, des latrines & des pissoirs privés & publics en nombre suffisant & placés convenablement, des logements pour les Portiers & autres Domestiques nécessaires, enfin des loges pour la distribution des billets, & un ou deux Cafés pour les rafraîchissements.

Toutes les différentes pieces dont je viens de faire l'énumération, doivent être placées convenablement à leurs usages, & accompagnées de tous les dégagements & de toutes les commodités qui leur sont nécessaires; mais quoique la plupart d'entre-elles soient d'une nécessité absolue, on ne doit les considérer que comme autant d'accessoires, relativement au monument en général, c'est-à-dire, qu'on ne doit point leur sacrifier les parties principales, qui sont la Salle & le Théatre, pieces à la grandeur & à la commodité desquelles toutes les autres doivent céder.

Nos Théatres modernes ont, pour la plupart, une vaste salle d'assemblée, qu'on nomme *Chauffoir public*; ces salles sont richement décorées, & se placent ordinairement au premier étage & sur la principale face de l'édifice, de sorte que la salle proprement dite se trouve derriere: cette disposition, à mon avis, n'est pas bonne, parce que la salle ainsi réculée est absolument privée d'air, & que c'est un défaut essentiel; d'ailleurs les chauffoirs publics ne me paroissent pas d'une nécessité absolue, puisqu'il n'y a pas le quart des Spectateurs qui en fassent usage, & que quand ils seroient absolument nécessaires, on pourroit également les placer sur le derriere de l'édifice, ce qui leveroit toute la difficulté.

La partie supérieure d'un édifice, de l'espece de celui dont je parle, demande beaucoup d'attention, tant pour la construction de la charpente de ses combles, que pour celle des réservoirs, qui doivent y êtres placés tout au pourtour, afin d'avoir en tout temps une quantité d'eau suffisante tant pour le service intérieur du bâtiment, que pour remédier aux accidents.

A ces réservoirs d'eau pluviale, on doit encore en joindre d'autres dans le bas de l'édifice, dans lesquels on conserveroit de l'eau de source ou de riviere, propre aux usages de la vie; ce qui feroit une double ressource en cas que celle des réservoirs supérieurs vînt à manquer.

Je n'entrerai pas dans un plus grand détail touchant les observations qu'il est nécessaire de faire par rapport à la forme & à la construction des Théatres, parce que ce détail me conduiroit au-delà des bornes que je me suis prescrites; d'ailleurs je ne ferois que répéter ce que plusieurs personnes habiles ont dit avant moi, & auxquelles il n'a peut-être manqué que l'occasion de construire un monument de cette espece, pour joindre l'exemple au précepte; supposé encore qu'avec beaucoup de talent ils eussent été assez heureux pour surmonter le préjugé & la force de l'usage, qui sont les plus grands obstacles que les hommes en place ayent à vaincre.

SECTION PREMIERE.

Idée générale du Théatre projetté, par rapport à sa décoration extérieure.

PLANCHE 3.

L'ÉDIFICE dont l'élévation est représentée dans la Planche 3, forme par son plan un parallélogramme de 32 toises 1 pied 6 pouces de largeur, sur 45 toises 4 pieds de longueur, non compris la saillie des trottoirs qui l'entourent avec celle des perrons.

Sa hauteur est de 105 pieds 3 pouces ou 17 toises 3 pieds 3 pouces, du nud du pavé jusqu'au-dessus du socle qui couronne l'attique. Cette hauteur est bien la hauteur réelle, mais en apparence elle est réduite à 10 pieds de moins, parce que l'attique étant reculé d'environ 15 pieds du nud des colonnes de la face, j'ai eté obligé de le surhausser de 10 pieds, afin qu'étant vu à 120 pieds de distance, il paroisse n'avoir que sa véritable hauteur, comme on le peut voir dans cette Planche.

La décoration de cet édifice annonce trois étages de hauteur, savoir 1°, un soubassement de 25 pieds de haut, non compris la hauteur du trottoir & de deux marches saillantes qui ont en tout 2 pieds 9 pouces; 2°, un Ordre Ionique moderne de 3 pieds de diametre, élevé sur un socle de 4 pieds de hauteur, & couronné d'une balustrade de 6 pieds 9 pouces de hauteur; 3°, un attique de 32 pieds de hauteur réelle, & de 22 pieds de hauteur apparente, y compris un socle de 3 pieds 3 pouces dont il est couronné.

Les arcades du soubassement ont 10 pieds de largeur, sur 21 pieds 6 pouces de hauteur du dessus des marches saillantes; leurs pieds-droits ont 5 pieds de largeur, sur 4 pieds 8 pouces d'épaisseur, ce qui fait que les promenoirs ou galeries qui régnent des trois côtés de l'édifice ont 10 pieds 8 pouces de largeur entre les pieds-droits, qui tombent à l'à-plomb des socles qui supportent les colonnes du premier étage, lesquelles forment un péristile de neuf entre-colonnements, qui ont 15 pieds de diametre d'axe en axe.

PLANCHE 3.

Les entre-colonnements extérieurs sont fermés à la hauteur d'appui par des travées d'entre-lacs, dont le dessus regne avec le dessus des socles qui portent les colonnes, & ils n'ont de hauteur intérieurement, que 3 pieds 2 pouces, ainsi que ces derniers.

Les entre-colonnements du fond du péristile, sont remplis par des portes croisées de 7 pieds de largeur, sur 15 pieds 6 pouces de hauteur; ces portes croisées sont ornées de chambranles & de contre-chambranles, & sont couronnées par une corniche relative à ces derniers.

Au-dessus des portes croisées, sont des croisées *mézanines* de 4 pieds 8 pouces de hauteur, sur 7 pieds de largeur, lesquelles sont ornées d'un cadre semblable aux chambranles des portes croisées.

Il auroit peut-être été à souhaiter qu'à la place des croisées mézanines, j'eusse fait usage de bas-reliefs qui auroient certainement mieux convenu; mais ces ouvertures m'étoient absolument nécessaires pour éclairer les corridors des secondes loges & leur donner de l'air, ce qui m'a fait en cette occasion préférer la commodité des dedans à la perfection des dehors.

Les deux extrémités du péristile, sont terminées par deux pavillons de 29 pieds de largeur

PLANCHE 3.

largeur au premier étage, lesquels sont saillie de 5 pieds 6 pouces, sur la derniere colonne qui s'y trouve engagée d'un tiers de son diametre.

Le milieu de ces pavillons est percé par des arcades de 9 pieds de largeur & de 20 pieds de hauteur, pris du sol intérieur du péristile.

Les archivoltes & les pieds-droits de ces arcades sont enfermés dans des niches quarrées, & sont couronnés par des bas-reliefs dont le dehors tombe à-plomb de ces dernieres.

Au bas de ces arcades, sont des balcons en saillie portés par des consoles, ce qui est peut-être une licence; mais je m'y suis cru autorisé, afin de donner plus de grandeur à l'intérieur des salons que renferment ces pavillons, & en même-temps pour en augmenter la largeur & en diminuer la hauteur, du moins en apparence.

C'est cette même raison qui m'a engagé à orner de *refends* les soubassements qui portent ces pavillons, afin qu'étant ainsi divisés, ils paroissent moins hauts.

La partie supérieure de ces pavillons est terminée en *amortissements*, sur lesquels sont placés des groupes de figures représentant, l'un la Tragédie, & l'autre la Comédie, & sur les pavillons des faces latérales, la poésie lyrique & la pastorale.

Ces groupes terminent assez bien ces pavillons, & servent à les faire piramider sur les angles de l'édifice: cela m'a paru d'autant plus à propos que l'attique étant sur un plan circulaire, semble fuir vers les deux extrémités de sa longueur, & diminuer de hauteur; de maniere qu'étant vu d'un point de distance convenable, sa partie supérieure forme une ligne circulaire, qui couronne avantageusement le milieu de l'édifice: cependant il auroit été beaucoup mieux de supprimer tout-à-fait les pavillons & de faire régner la colonnade dans toute la largeur, parti que j'aurois certainement pris, si d'un côté la distribution intérieure ne m'avoit pas gêné, & encore plus des raisons de solidité; car si j'avois supprimé les pavillons des angles de mon édifice, rien n'auroit retenu la poussée des plattes-bandes des trois péristiles dont il est entouré; de plus, j'avois besoin d'en fortifier les angles pour retenir la poussée des murs circulaires qui entourent ma salle, qui, sans être beaucoup chargés par les combles, ont cependant besoin d'avoir de forts points d'appui; d'un autre côté, ces quatre pavillons renferment dans leurs parties supérieures des réservoirs dans lesquels sont contenues les eaux provenant des terrasses des péristiles, que je n'aurois pas pu placer ailleurs, puisqu'il est nécessaire qu'ils soient au haut du bâtiment.

PLANCHE 3.

L'attique est d'une ordonnance moderne: il est décoré de pilastres dont les axes tombent à-plomb des trumeaux du mur extérieur du corridor des loges; les entre-pilastres sont remplis par des tables renfoncées, enfermées dans des niches quarrées; & chacune de ces tables est ornée alternativement par une tête d'Apollon entourée de lauriers, une fleur-de-lys pareillement entourée, & d'un coq entouré de lys, tous symboles de la France.

La corniche de l'attique circule tout au pourtour, sans faire aucun ressaut; elle est surmontée d'un socle sur lequel, & à l'à-plomb des pilastres, sont placées des figures relatives au sujet.

En général tout l'édifice est entouré d'un trottoir de 35 pouces de hauteur, sur lequel on arrive par le moyen des perrons placés aux angles & au milieu de leur longueur. Ces trottoirs ont 5 pieds de largeur jusqu'au devant des marches qui montent au sol intérieur du rez-de-chaussée, qui, par leur moyen, se trouve élevé de 5 pieds au-dessus du niveau de la rue: j'ai pensé que cette élévation seroit très-avantageuse, non-seulement pour donner plus de dignité à l'extérieur de l'édifice, mais encore pour préserver son rez-de-chaussée de l'humidité de la rue, & par conséquent à le rendre plus sec & plus sain.

Les faces latérales sont parfaitement semblables à celles dont je viens de faire la description, à l'exception que d'après le pavillon d'angle donnant sur le derriere de l'édifice, il y a un arriere-corps de 77 pieds de longueur, dont la décoration & l'ordonnance sont les mêmes que celle du reste du monument, à l'exception que l'attique qui regne dans environ un tiers de sa longueur, n'est pas apparent, & que l'Ordre Ionique y est supprimé n'en ayant conservé que l'expression, afin de donner plus de simplicité à la décoration de ces arrieres-corps, & les détacher en quelque sorte du reste de l'édifice.

Ces arrieres-corps sont percés chacun de cinq croisées, d'une grandeur & d'une décoration semblables à celles des péristiles; & entre chacune d'elles il y a des tables saillantes, qui occupent la place des Ordres que j'ai supprimés, pour les raisons que j'ai données ci-dessus.

PLANCHE 3.

Ces arrieres-corps ne font pas un effet fort heureux dans la décoration des faces latérales de l'édifice, qu'ils rendent peu symmétrique; mais ce défaut étoit inévitable dans la composition de mon plan, où j'avois besoin de placer de grands escaliers & des pieces d'habitation, ce que je n'aurois pu faire, si j'avois fait régner les péristiles dans toute la longueur des faces latérales.

La face de derriere de ce monument est composée d'un grand avant-corps de 24 toises de diametre, pris du nud inférieur des colonnes dont il est décoré. Au milieu de cet avant-corps est une arcade de 24 pieds de largeur sur 45 pieds de hauteur, prise du sol du pavé de la rue. L'archivolte de cette arcade vient retomber sur le socle de l'Ordre du premier étage qui lui sert d'imposte, ainsi qu'au reste de la voûte qui suit cette arcade: celle-ci sert d'entrée & de point de vue au fond du Théatre, comme je le dirai en son lieu.

Cette arcade est enfermée dans une espece de niche quarrée, au-dessus de laquelle est une croisée mézanine, servant à éclairer la piece placée au-dessus de la voûte. Aux deux côtés de cette arcade, qui semble couper en deux la partie inférieure de cet avant-corps, sont percées trois ouvertures, tant dans le soubassement que dans le premier étage; celles du soubassement sont parfaitement semblables à celles des autres faces de l'édifice, & celles du premier étage aux croisées en arcade des pavillons des angles, parce que la grandeur de ces dernieres répond mieux à la grandeur des pieces qu'elles éclairent, lesquelles ont 45 pieds de longueur, 40 de largeur & 42 de hauteur.

Ces croisées sont enfermées dans des entre-colonnements semblables à ceux des péristiles, à l'exception qu'à ceux des angles & à ceux qui avoisinent l'arcade du milieu, il y a deux colonnes accouplées, pour donner plus de solidité à ces mêmes angles, & pour procurer un point d'appui plus considérable à la platte-bande du milieu de l'avant-corps, laquelle a 30 pieds de portée, ce qui est très-considérable, & ce qui m'a obligé à engager mes colonnes d'un quart de leur diametre.

PLANCHE 3.

Les deux arrieres-corps de cette façade, sont d'une décoration semblable à ceux des faces latérales, & ils sont renfoncés de 4 pieds du devant du nud inférieur des colonnes de l'avant-corps, & n'ont que 24 pieds de largeur, ce qui est bien peu considérable en raison de celles de l'avant-corps; mais ce dernier peut être considéré comme séparé en deux parties par l'arcade du milieu, ce qui diminue sa largeur de plus de la moitié; de plus, comme cette façade n'est pas la plus intéressante de tout l'édifice, j'ai cru pouvoir sacrifier quelques parties de sa décoration extérieure à la commodité des dedans & à la beauté de l'ensemble du plan en général.

Cette façade est couronnée par une balustrade comme tout le reste de l'édifice; mais elle n'a pas d'attique apparent; ce dernier qui tourne autour de la Salle & du Théatre se trouvant trop éloigné pour être apperçu à un point de distance raisonnable, ainsi que le comble du Théatre, qui, quoiqu'élevé de 31 pieds au-dessus de l'attique, ne peut être vu d'aucun côté.

Ce seroit peut-être ici le lieu de parler de la place qui doit contenir un monument de cette espece, de sa grandeur & de ses principales issues; mais comme ce n'est qu'un projet, ce que j'en ai dit ci-dessus doit suffire: je vais passer maintenant à la description des plans & des coupes de ce même Projet.

SECTION SECONDE.

Description du Plan du Rez-de-chaussée.

PLANCHE 4.

J'AI donné ci-dessus les dimensions générales de cet édifice, du moins quant à son extérieur; je vais maintenant entrer dans un détail plus circonstancié de son intérieur, afin de faire voir la marche que j'ai suivie, pour accorder, autant qu'il m'a été possible, la décoration extérieure avec la commodité des dedans.

Ce bâtiment, comme je l'ai dit plus haut, est entouré d'un trottoir saillant, sur lequel on monte par le moyen des trois perrons *B*, *G*, *H*, & par ceux qui sont aux angles des quatre pavillons. Ces perrons sont composés de sept marches de 5 pouces de hauteur sur 14 de *giron*; & ceux du milieu des façades ont de largeur 60 pieds pris du bas, c'est-à-dire, à la premiere marche.

PLANCHE 4.

De dessus les trottoirs on monte encore cinq marches, dont deux sont extérieures & continuées dans toute la longueur des portiques, les trois autres sont comprises dans la largeur des arcades de ces derniers.

Les portiques *I*, *I*, viennent aboutir par leurs extrémités aux quatre salons *L*, *L*; de maniere qu'on peut circuler à l'abri de la pluie & du soleil au pourtour de l'édifice, du moins

PLANCHE 4.

des trois côtés principaux, ce qui est très-nécessaire tant pour la commodité de ceux qui viennent au Spectacle que pour contenir les Domestiques, qui, pour l'ordinaire se rassemblent à une certaine heure pour attendre leurs maîtres.

Les salons *L*, *L*, ont 22 pieds de diametre, & leurs ouvertures sont disposées de maniere qu'elles pourroient être fermées par des portes vitrées, ce qui en feroit autant de pieces séparées, dans lesquelles, lors du mauvais temps & dans l'hiver, les Dames & les gens de distinction pourroient à la sortie du Spectacle attendre leurs équipages, qui viendroient les prendre au bas des perrons placés aux angles de ces salons. Les salons *L* 1, pourroient même rester fermés de cette maniere dans toutes les saisons, parce qu'ils servent de vestibules à deux grands escaliers *M*, lesquels montent aux chauffoirs & aux loges des Acteurs & des Actrices, placés dans les entresols, & aux salons du premier étage & aux péristiles avec lesques ils communiquent également.

Le fond des portiques *I*, *I*, forme des arcades dans lesquelles sont enfermées en arriere-corps des portes-croisées de 7 pieds 8 pouces de largeur sur 18 pieds 6 pouces de hauteur: une partie de ces portes sert d'entrée au corridor *N*, *N*, & les autres à éclairer toutes les pieces du rez-de-chaussée de l'intérieur de l'édifice, comme les grands escaliers *O*, *O*, les bureaux *b* pour la distribution des billets, le Théatre & son dessous, &c.

Ces portes d'entrée *a*, *a*, *a*, sont au nombre de onze; sçavoir cinq sur la face (la moitié du plan prise pour le tout) & trois à chaque face latérale, ce qui facilite la sortie des Spectateurs & empêche la confusion. Le corridor *N* a 10 pieds de largeur; sa forme est circulaire, ce qui a donné le moyen de pratiquer à chaque angle de l'édifice des escaliers O, qui montent aux différents étages des loges.

L'intérieur de ce corridor est décoré d'arcades réelles & feintes correspondantes aux ouvertures du portique extérieur: parmi ces ouvertures, celles *Q*, donnent entrée au centre de la salle; celles *R*, aux escaliers qui montent aux différents rangs de gradins; & celles placées en face des grands escaliers, aux deux caffés *P*, situés sous les gradins de la salle.

Ces caffés ont 15 pieds de profondeur, sur 45 pieds de longueur moyenne, & 12 pieds de hauteur; ils sont éclairés par deux croisées de 5 pieds de largeur, donnant sur les entrées *R*.

PLANCHE 4.

Sur le derriere des caffés, sont des pieces de décharge & des escaliers pour descendre aux caves de leurs dépendances.

Les cages des escaliers O, sont sur un plan triangulaire: cette forme leur a été donnée par celle des corridors intérieurs & extérieurs; elles sont éclairées par deux croisées chacune, & renferment des escaliers doubles, dont les marches ont 5 pouces de hauteur, 14 pouces de largeur & 6 pieds de longueur en dedans de leurs limons.

Les rampes de ces escaliers sont droites, & viennent aboutir à des paliers formant les angles de la cage, qui sont d'une grandeur égale à la longueur des marches: j'ai dit plus haut que ces escaliers étoit doubles, c'est-à-dire, qu'il y en a deux enfermés dans une même cage, dont les rampes passent au-dessus les unes des autres, de maniere que ceux qui montent ou descendent dans l'un de ces escaliers ne sont pas rencontrés par ceux qui montent ou descendent dans l'autre.

Des deux escaliers dont je parle, celui *d*, monte au péristile, & par conséquent aux premieres loges qui y sont de plein-pied; cet escalier est composé de 59 marches.

L'autre escalier *e*, monte aux entresols, aux secondes loges & aux troisiemes.

Le premier escalier *d*, monte aussi également dans toute la hauteur de l'édifice ou du moins peut y monter, comme je l'expliquerai en faisant le détail du plan du premier étage.

A côté des grands escaliers O, sont les bureaux *b*, pour la distribution des billets; & des latrines *c*, lesquelles sont répétées à tous les étages. J'ai dit qu'il y avoit cinq portes d'entrée à la principale face de l'édifice, cependant on pourroit se contenter de trois, & faire à la place de celles *a* × des logements pour des Portiers, qui auroient encore une chambre dans l'entresol *a* 1, pratiqué au-dessus, ce qui conviendroit d'autant mieux que ces pieces ont 9 pieds de largeur sur tous sens.

Les escaliers *f*, *f*, construits entre les murs qui soutiennent la colonnade du Théatre, & ceux qui l'entourent ont 5 pieds 6 pouces de largeur; leurs marches ont 6 pouces de de hauteur sur 1 pied de largeur de giron; ils conduisent à cinq paliers *b* 1, élevés de 7 pieds 6 pouces au-dessous du sol du rez-de-chaussée. Ces paliers donnent entrée à des escaliers conduisant au trottoir *d*1, qui sépare le premier rang de gradins d'avec le second, lequel trottoir se trouve de niveau avec l'entresol *N* 1, dans lequel on communique, soit par la cage du grand escalier *O* 1, soit par les

PLANCHE 4.

précédents, en montant des paliers *b* 1, à à ceux *d* 1: de ces seconds paliers on monte au second rang de gradins, soit par les escaliers en vis *e* 1, ou par ceux *f* 1.

Les pieces *P* 1, sont très-petites, ou du moins très-basses, étant prises dans le vuide des gradins supérieurs, c'est pourquoi elles ne peuvent gueres servir qu'à des dépôts pour serrer des choses de peu d'usage, ou pour servir de pissoirs.

Les latrines *c* 1, sont les mêmes que celles du rez-de-chaussée, excepté qu'elles sont plus vastes; & on y peut parvenir des différents rangs de gradins par les paliers *d* 1.

Les extrémités du corridor de l'entresol *N* 1, sont terminées au mur de refend, qui sépare la Salle d'avec le Théatre, & par conséquent au-dessus des escaliers *g*, qui montent du corridor du rez-de-chaussée aux corridors *S*: ceux-ci régnent au pourtour du Théatre & au même niveau de ce dernier dont ils suivent la pente. Ces corridors sont élevés au-dessus du rez-de-chaussée de 7 pieds 6 pouces au nud des escaliers *g*, & de 10 pieds au fond du Théatre.

L'élévation de ces corridors donne lieu à de grandes ouvertures *h*, qui servent à éclairer le dessous du Théatre, & à y procurer de l'air.

L'escalier *i*, est de même hauteur que que celui *g*, & il sert à monter sur l'avant-scène du Théatre, & à des loges pratiquées dans la hauteur du premier gradin.

Les pieces *l*, servent de passage pour entrer sous l'avant-scène & dans l'orchestre *T*.

Les escaliers *M*, sont enfermés dans des cages de 15 pieds de largeur, sur 22 pieds de profondeur au rez-de-chaussée, 30 pieds à l'entresol *M* 1, & au premier étage où la largeur de ces cages est augmentée de 6 pieds, à cause des deux trottoirs que j'ai observés aux deux côtés de ces escaliers, comme on le verra en son lieu.

Les marches de ces escaliers ont 5 pouces de hauteur, 14 pouces de largeur, & 5 pieds de longueur de giron, dimensions qui m'ont été données par la grandeur de la cage, & par les différentes hauteurs où je devois nécessairement arriver.

La premiere rampe est de 15 marches, & la seconde de 9, en tout 24, ce qui produit 10 pieds, hauteur du fond du Théatre, dans le corridor *S* duquel on entre par le palier *g* 1, pour, en passant par ce même corridor, arriver au palier *h* 1, & delà monter aux entresols où sont les pieces du département des Acteurs.

PLANCHE 4.

Du palier *g* 1, on monte 5 marches, après lesquelles on trouve un autre palier qui conduit à une rampe de 15 marches, au haut de laquelle est encore un autre palier qui occupe toute la largeur de la cage, & qui est en retraite sur le premier palier; de ce dernier on monte enfin une derniere rampe de 15 marches, & on arrive à la hauteur des péristiles.

Quoique l'ensemble des rampes de ces escaliers ne soit pas parfaitement régulier, ils ne laissent cependant pas de faire un très-bon effet, vu du bas, en sortant du salon ou vestibule *L* 1, & cela par rapport à la différente longueur des limons & à la disposition des paliers, qui étant en retraite les uns au-dessus des autres, laissent appercevoir la décoration de la partie supérieure de l'escalier. Le passage *m* donne entrée à un des escaliers *A*, & celui *n* à un semblable escalier, & à des galeries *U*, dont le sol est au niveau de celui de la rue, & où se trouvent des latrines *t*, à l'usage des Ouvriers du Théatre. Le dessous des escaliers *M*, donne entrée aux pieces *o*, qui peuvent servir de logements à des Portiers, au-dessous desquels sont pratiqués des escaliers qui conduisent aux atteliers *X*.

Ces pieces, d'une nécessité absolue dans un édifice de cette espece, ont leur sol de 19 pieds 6 pouces plus bas que celui de la rue; leur largeur est de 38 pieds, sur 73 pieds 9 pouces de longueur, & 36 pieds de hauteur du dessous du plancher qui passe droit dans toute sa surface.

La grandeur de ces atteliers est très-considérable sans doute; cependant il est des occasions où toute leur capacité est occupée, soit dans leur surface ou dans leur hauteur, sur-tout ceux des Peintres qui ne sauroient avoir trop d'étendue.

L'attelier des Menuisiers pourroit cependant être moins grand que celui des Peintres, & on pourroit, au lieu des deux pieds-droits *p*, *p*, qui portent les murs de refend supérieurs, faire un mur plein qui diminueroit la longueur de l'attelier *X*, & procureroit une seconde piece servant de petit magasin pour les choses d'un usage journalier.

Ces atteliers sont éclairés chacun par 7 croisées de 7 pieds 8 pouces de largeur, sur 11 pieds de hauteur, ce qui les rend très-clairs & en même-temps très-salubres. Dans un de leur angle est pratiqué un escalier *q*, lequel monte à un palier *r* en forme de balcon, qui se trouve au niveau de la rue, dans laquelle on peut sortir par le moyen du

passage

PLANCHE 4.

passage *s*, pratiqué entre le mur de la grande arcade, & celui qui porte la rampe douce *Y*, qui monte au corridor *ſ*, & par conséquent sur le Théatre.

L'escalier *q* sert aussi à monter aux différents étages de l'échafaud des Peintres, lequel doit être construit le long du mur de l'attelier, & sur la grande longueur, en face des croisées.

Au-dessus des atteliers dont je viens de parler, sont pratiqués les loges des Acteurs & leurs foyers *R* 1; on arrive à ces derniers, par le palier *h* 1, au-dessus duquel il est élevé de 2 pieds 6 pouces: ces foyers ont 18 pieds de largeur & 38 de longueur sur 9 pieds de hauteur, qu'on trouvera peu considérable sans doute, mais qui ne pouvoit l'être guere davantage, parce que le plancher de ces pieces, & de tout l'entresol en général, est de 2 pieds 3 pouces plus bas que le dessus des impostes du soubassement des façades : ces foyers sont éclairés par quatre croisées, dont une opposée à la face d'entrée, & les trois autres sur leur grande longueur.

En face de ces *croisées*, sont pratiquées deux niches pour y placer des poëles destinés à échauffer, tant le foyer que le corridor *P* 1, dont l'entrée est placée entre les deux poëles, & qui est éclairé d'un bout par une grande croisée faisant partie de la porte des atteliers placés sous l'arcade *U*, & de l'autre par la croisée du milieu du foyer *R* 1. Ce corridor a 13 pieds 3 pouces de largeur sur 52 pieds de longueur, & sert de piece de communication aux loges ou chambres des Acteurs *Q* 1, qui ont chacune 11 pieds 3 pouces de largeur sur 12 pieds 9 pouces de longueur.

Ces pieces ne sont pas contiguës les unes aux autres, parce que l'espace qui les sépare est occupé par la retombée des arcs en pierre qui soutiennent le plancher du premier étage, lequel porte immédiatement dessus; & dans le vuide de ces retombées sont pratiquées des armoires qui rendent l'usage de ces pieces plus commode.

De ces douze loges, six sont éclairées par des croisées donnant sur la rue; mais elles ont le défaut de n'avoir point de cheminées: celles qui leur sont opposées en ont, mais elles ne peuvent tirer de jour que du corridor, & par des chassis vitrés placés au-dessus de la porte des autres.

A côté des loges adossées au corridor du Théatre, sont pratiquées d'un côté des latrines *l* 1, & de l'autre, un passage *i* 1, par lequel les Acteurs peuvent descendre sur le corridor *S*, sans être obligés de passer par le foyer *R* 1, qui dans les grandes pieces pourroient servir de vestiaires pour les Chœurs & autres Acteurs subalternes.

PLANCHE 4.

La disposition de ces loges & de leurs foyers est d'autant plus avantageuse, que les Acteurs se trouvent placés d'un côté, & les Actrices de l'autre, sans avoir d'autre communication que par le corridor *S* du Théatre, & que les uns & les autres sont très-proches de ce dernier, sur lequel ils peuvent entrer, soit par la grande porte du fond, ou par celles des faces latérales cotées *m* 1, sans nuire au service du Théatre, ni être exposés à être blessés par la chûte des décorations, comme cela peut arriver quelquefois.

Le Théatre a 107 pieds de largeur pris du dedans des murs *B*, *B*, sur 83 pieds 6 pouces de profondeur, depuis le dedans du mur de l'arriere-scène *C*, *C*, jusqu'au dedans de celui de l'avant-scène *D*; & depuis celui-ci, jusqu'au devant de l'avant-scène qui passe par la ligne *G*, *H*, & par conséquent par le centre de la salle, il y a encore 26 pieds, ce qui fait en tout 109 pieds 6 pouces pour la profondeur du Théatre, sans compter l'épaisseur du mur de l'arriere-scène, & la largeur de la galerie *S*, qui forment ensemble une profondeur de 16 pieds, dont on pourroit faire usage pour prolonger le lointain, supposé que cela fût nécessaire.

Des deux côtés de la largeur du Théatre, s'élevent des murs *E*, *E*, percés chacun de trois arcades de 17 pieds de largeur; ces murs ont 6 pieds d'épaisseur, & sont distants de 11 pieds 6 pouces des côtés *B*, *B*; ce qui forme des galeries aux extrémités desquelles sont construits les quatres escaliers *A*, *A*, qui montent dans toute la hauteur de l'édifice, & qui ont des issues à tous les différents étages, pour faciliter le service des Ouvriers, par le moyen des corridors supérieurs qui tournent au pourtour du Théatre.

Les murs *E E*, sont construits pour porter les différents étages de corridors, tant inférieurs que supérieurs, nécessaires pour la manœuvre des machines théatrales, & en même-temps pour soutenir le poids de la charpente du comble, & de toutes les machines qui y sont placées.

La hauteur totale du Théatre, depuis le sol du dessous, qui est de 30 pieds plus bas que celui de la rue, est de 122 pieds jusque sous *l'entrait* du premier plancher; & de ce dernier jusque sous le faîtage de la plate-forme supérieure, il y a encore 41 pieds,

M

PLANCHE 4.

ce qui produit en tout 163 pieds ou 27 toises 1 pied pour la hauteur totale de ce Théatre, sur lequel je ne m'étendrai pas ici davantage, attendu que j'aurai lieu de le faire avec plus de précision, en faisant l'explication du plan du premier étage & des coupes de l'édifice.

C'est pour cette même raison que je n'ai point du tout parlé de la Salle proprement dite, & que je me suis contenté de décrire ses parties inférieures.

Les cavités cotées *u*, *u*, sont des ouvertures pratiquées dans toute la hauteur des murs du Théatre, & qu'on nomme les *cheminées*; elles servent pour le passage des contre-poids des machines, tant du dessous que de la partie supérieure du Théatre: celles cotées *x*, sont des puits dans lesquels passent des tuyaux de descentes pour la conduite des eaux: ces puits doivent avoir environ 3 pieds de diametre, & être éclairés de distance en distance par des ouvertures en barbes-à-cannes, afin que les Ouvriers qui descendent dans ces puits pour la réparation des tuyaux, puissent y voir clair, ou du moins y respirer un air salubre.

Avant que de terminer la description de ce plan, il est bon de remarquer, 1°, que les enfilades y ont été observées autant qu'il a été possible, & que toutes les pieces d'un même étage sont de plein-pied, de maniere qu'on peut passer des unes dans les autres sans être obligé de monter ni de descendre, chose essentielle à observer dans un édifice de cette espece, dont on fait usage autant de nuit que de jour.

2°. Que les principales pieces, comme la Salle & le Théatre, quoiqu'entourées de galeries, sont éclairées dans toutes leurs parties, ce qui donne le moyen de leur procurer un air d'autant plus pur, qu'on peut le renouveller autant qu'on le juge à propos, avantage jusqu'à présent négligé dans la plus grande partie de nos Théatres, quoique d'une nécessité absolue.

3°. Que les dégagements des principales pieces sont simples & par conséquent d'un usage commode & facile; que leurs issues sont nombreuses & disposées de maniere que, quel que soit le nombre des Spectateurs, il ne peut y avoir de foule lors de leur sortie, puisque chaque étage de loges ou de gradins a des escaliers & des issues qui leur sont propres, quoiqu'ils correspondent tous les uns avec les autres, par les principaux corridors qui entourent la Salle & le Théatre.

4°. Que la partie de l'édifice destinée aux Spectateurs, est totalement séparée de celle occupée par les Acteurs & les Ouvriers: la continuité de ces deux parties est interrompue par des grilles & des portes croisées qui en empêchant la communication, laissent néanmoins jouir du coup d'œil des percés & des enfilades, ainsi qu'on le verra dans les Planches suivantes.

5°. Enfin, qu'à la régularité de la décoration extérieure & à la commodité des dedans, j'ai joint toute la solidité nécessaire à un édifice de cette espece, en observant que les principaux murs s'alignent les uns avec les autres dans toute la longueur ou la largeur de l'édifice, & qu'à tous les angles, tant intérieurs qu'extérieurs, il y ait des points d'appui suffisants pour en retenir les poussées.

SECTION TROISIEME.

Description du Plan du premier étage.

PLANCHE 5.

LA forme & les dimensions de ce plan, sont exactement les mêmes qu'à celui du rez-de-chaussée, à l'exception qu'au lieu des portiques ou galeries de ce dernier, ce sont ici des colonnades en péristiles qui circulent des trois côtés du bâtiment, ce qui lui procure des promenoirs d'autant plus agréables, que sans sortir des dedans, on peut jouir de la beauté des dehors & du Spectacle que forme le nombre des voitures, & des Citoyens de toute espece qui se rendent au Spectacle. On arrive à ces colonnades par les escaliers *I*, *L*, qui donnent dans les corridors *N*, *N*, & par ceux *M*, dont la derniere rampe donne sur le palier *a*; de celui-ci on passe dans le salon, & delà dans les péristiles; ou bien on passe sur les trottoirs *b*, *b*, pour se rendre sur le palier *c*, & delà dans l'anti-chambre *O*.

La cage supérieure de ces escaliers a 2 pieds de largeur, sur 30 pieds 3 pouces de longueur, & 34 pieds 6 pouces de hauteur prise du sol du premier étage: cette hauteur est un peu considérable, une piece du périmetre de celle-ci ne pouvant avoir tout au plus que 30 pieds de hauteur, y compris le cintre de sa voûte, d'autant plus qu'elle est naturellement vue sur sa grande longueur; mais j'ai été obligé de lui donner plus de hauteur, afin de procurer du jour

PLANCHE 5.

& de l'air à des pieces situées au-dessus du corridor *N*; cependant il seroit beaucoup mieux d'éclairer ces pieces d'une autre maniere, & de diminuer la hauteur de cette cage, qui, comme je viens de le dire, est trop considérable.

Les grands côtés de la cage de ces escaliers sont percés de quatre croisées, dont deux donnent sur la rue, & les deux autres sur le corridor *N*, dans lequel elles donnent entrée.

Leur petit côté est percé par des arcades de 9 pieds de largeur & de 20 pieds de hauteur, dont l'une donne entrée aux salons circulaires des péristiles, & l'autre, qui n'est que feinte, renferme une porte à placard de 5 pieds de largeur sur 11 pieds 3 pouces d'ouverture, laquelle donne entrée à l'antichambre *O*.

Cette piece a 18 pieds 3 pouces de largeur, sur 38 pieds 6 pouces de longueur & 33 pieds de hauteur; cette hauteur est peut-être un peu considérable, mais elle m'a paru nécessaire pour répondre à celle du salon *P*, qui est de 42 pieds.

L'anti-chambre *O*, est éclairée par quatre croisées, dont une placée en face de la porte d'entrée, termine avantageusement l'enfilade du péristile: les trois autres sont sur le mur de face, & leurs axes enfilent la cheminée de cette piece & les deux portes d'entrée du salon *P*, lequel peut très-bien servir de chauffoir public.

Cette derniere piece a 45 pieds de largeur, 40 de profondeur, & 42 de hauteur sous la voûte; elle est éclairée par trois croisées de 9 pieds de largeur & 20 pieds de hauteur: ces croisées sont répétées par des arcades feintes pratiquées dans la face qui leur est opposée, & dans l'une desquelles (celle du milieu) est placée la cheminée.

On entre dans ce salon par deux portes à placard, lesquelles sont répétées dans la face qui leur est opposée, afin de rendre la décoration de cette piece parfaitement symmétrique.

Dans une des arcades opposées aux croisées, est pratiquée une porte de dégagement *g*, par le moyen de laquelle on communique aux latrines *e*, & à un pissoir pratiqué sous la rampe de l'escalier *f*.

L'anti-chambre *S*, est semblable à celle *O*, à l'exception que la porte qui donne dans le salon *R*, est percée dans le milieu de sa longueur, & qu'au lieu de cheminées, il y a deux poëles placés aux deux côtés de la porte, & en face des croisées. Le salon *R*, a la même profondeur que le précédent; mais il n'a que 30 pieds de largeur sur 38 pieds de hauteur.

PLANCHE 5.

Ce salon n'est éclairé que par deux croisées, ce qui m'a obligé de mettre la cheminée sur le mur de refend & en face de la porte d'entrée. Cette piece peut servir de salle d'assemblée, soit pour les Directeurs du Théatre, soit pour les répétitions, sa capacité étant assez considérable pour cela.

Derriere le salon *R* est pratiqué un petit appartement *Q*, propre à loger le Concierge: cet appartement n'est composé que de trois pieces au rez du salon *R*, & de deux autres dans l'étage pratiqué au-dessus, parce que celle du milieu monte de fond, afin d'éclairer les pieces adossées au Théatre, par le moyen d'une lanterne en vitrages placée dans sa partie supérieure. L'appartement *Q* communique avec celui qui est placé au-dessus par le moyen de l'escalier *d*: & ceux cotés *f*, montent à l'étage pratiqué au-dessus de la grande arcade, & aux autres pieces qui sont au-dessus.

Des deux escaliers placés dans les cages *I* & *L*, l'un monte à la hauteur du corridor *N*, & finit en cet endroit, comme celui *h* de la cage *I*, ou bien il continue de monter dans toute la hauteur de l'édifice, comme celui de la cage *L*, coté *i*: dans l'un ou l'autre cas, les paliers de ces escaliers qui communiquent au corridor *N*, ne peuvent avoir de largeur que celle de la moitié de l'arcade servant de porte d'entrée, parce que, si ces paliers avoient une largeur égale à celle de cette derniere, comme cela devroit être, la rampe de l'autre escalier qui passe sous ces paliers, n'auroit pas assez d'échappée, c'est-à-dire, qu'il ne se trouveroit pas assez de hauteur entre le dessus des marches de cette derniere & le dessous de l'extrémité du palier. Quoi qu'il en soit, le défaut de largeur de ces paliers fait un très-mauvais effet, auquel on ne pourroit remédier qu'en augmentant la hauteur des marches, & en diminuant la largeur de leurs limons d'une quantité suffisante pour gagner assez d'échappement, d'où il résulteroit que les rampes seroient plus roides, ce qui seroit un autre inconvénient, ces sortes d'escaliers devant être très-doux; cependant il n'y auroit pas d'autre moyen d'éviter le défaut de largeur des paliers *h* & *i*: & dans ce cas les marches auroient 5 pouces 8 lignes, sur 1 pied 8 lignes.

Les corridors *N*, *N*, circulent autour de la Salle & du Théatre, jusqu'aux escaliers *f*, *f*, placés derriere ce dernier, & sont fermés par des grilles *l*, *l*, à l'endroit du mur qui sépare la Salle d'avec le Théatre, afin

Planche 5.

que les Spectateurs n'ayent aucune eſpece de communication avec les Acteurs & les Ouvriers, du moins pendant le temps du Spectacle; mais ces grilles peuvent s'ouvrir quand on le juge à propos.

La Salle dans laquelle ſe placent les Spectateurs, forme un demi-cercle de 53 pieds 6 pouces de rayon, & par conſéquent de 107 pieds de largeur du nud intérieur des murs. Sa profondeur juſqu'au devant du Théatre, eſt de 70 pieds; de maniere que la ſaillie de l'avant-ſcène de ce dernier rentre dans l'intérieur de la Salle de 16 pieds 6 pouces, & paſſe juſtement par ſon centre indiqué par la ligne *G*, *H*.

L'intérieur de cette Salle eſt décoré d'une colonnade d'Ordre Compoſite de 2 pieds de diametre, élevé ſur un ſocle de 4 pieds de hauteur, & ce dernier ſur un ſoubaſſement de 21 pieds de haut, dans lequel ſont placés les gradins qui doivent contenir une partie des Spectateurs; l'autre partie eſt placée dans les loges que forme la colonnade & au-deſſus.

La ſaillie de la colonnade, depuis le nud du mur juſqu'au devant du ſocle qui porte les colonnes, eſt de 9 pieds; de maniere qu'il ne reſte plus de diſtance depuis le devant des premieres loges juſqu'à l'avant-ſcène que 44 pieds 6 pouces; diſtance bien moindre que celle qui exiſte à tous nos Théatres actuels, & qui étant par-tout la même à celui-ci, met tous les Spectateurs à portée d'entendre également bien.

Cette colonnade eſt compoſée de 17 entre-colonnements, leſquels forment autant de loges qui ont 9 pieds de largeur d'axe en axe; le milieu des deux dernieres loges, c'eſt-à-dire, les plus proches du Théatre, paſſe par l'axe de la Salle, & une de leurs colonnes eſt engagée dans des parties liſſes, faiſant des reſſauts qui donnent naiſſance à deux tours creuſes qui viennent rejoindre les colonnes de l'avant-ſcène dont elles occupent une partie de la profondeur. Ces tours creuſes ſont d'une même ordonnance que le reſte de la Salle, à l'exception que j'en ai ſupprimé les Ordres, & que les décorations que j'ai ſubſtituées à ces derniers, ne ſeront que peintes; ces corps devant être abſolument liſſes, afin de ſervir de repouſſoir à la voix de l'Acteur. La décoration du devant du Théatre, ou, comme on dit communément, de l'avant-ſcène, eſt compoſé de ſix colonnes d'Ordre Compoſite de 3 pieds 4 pouces de diametre, & 33 pieds 4 pouces de hauteur; elles ſont couronnées par un entablement architravé, orné de conſoles, lequel a 5 pieds de hauteur, de maniere qu'il regne avec l'entablement régulier du reſte de la Salle.

Planche 5.

Des ſix colonnes qui forment la décoration de l'avant-ſcène, quatre ſont en face, & les deux autres en retour, en tendant au point du Théatre prolongé juſqu'au fond du dernier corridor de l'arriere-ſcène; & l'intervalle que produit l'arrangement de ces colonnes, forme des loges ſecrettes *T*, *T*, qui communiquent avec les eſcaliers des angles du Théatre.

L'ouverture de l'avant-ſcène eſt de 50 pieds pris du nud des colonnes du devant, & ſa hauteur eſt de 49 pieds 6 pouces, ſavoir un ſocle de 5 pieds, la hauteur de l'Ordre & ſon entablement de 38 pieds 4 pouces, plus 6 pieds 2 pouces d'élévation que j'ai donnés au couronnement de l'avant-ſcène, afin de lui procurer plus de grace.

L'ouverture de cette avant-ſcène eſt très-conſidérable & même la plus grande poſſible, du moins relativement aux uſages reçus; mais il n'a pas été en mon pouvoir de la faire plus étroite, à cauſe de la forme du plan de la ſalle, qui, étant très-large, a exigé cette ouverture, afin que ceux qui ſont placés dans les dernieres loges puiſſent voir un peu avant dans l'intérieur du Théatre; de plus, ces grandes ouvertures ſont néceſſaires lorſqu'on repréſente de grands ſujets, ainſi que je l'ai dit ci-deſſus, *page 39* (1).

La hauteur de la Salle eſt de 75 pieds du deſſus du ſol du rez-de-chauſſée juſqu'au milieu de ſa voûte, qui a de hauteur 21 pieds 3 pouces, à compter du deſſus du ſocle qui couronne la colonnade d'Ordre Compoſite. La naiſſance du cintre de cette voûte, ne prend pas directement de deſſus ce ſocle, mais de deſſus le dernier rang de gradins placé au-deſſus de la colonnade, de maniere que ſa retombée n'eſt que de 18 pieds.

Cette voûte prend naiſſance à l'à-plomb des murs de la Salle dont elle ſuit le contour juſqu'au point *m*, d'après lequel elle forme une eſpece d'ellipſe irréguliere *n*, *o*, *n*, dont le point *o*, qui eſt l'extrémité du petit axe, recule de 3 pieds 6 pouces d'après le nud de la plate-bande de l'avant-ſcène, indiquée ſur le plan par une ligne ponctuée, ainſi que les ſaillies des corniches, tant de

(1) Si je n'avois pas craint de trop choquer les uſages reçus, j'aurois porté la largeur de l'avant-ſcène juſqu'à 60 pieds au moins, ce qui auroit donné plus de vue ſur le Théatre, & par conſéquent augmenté la commodité de la Salle; ce qu'on pourra toujours faire, en ſupprimant une partie de la décoration de l'avant-ſcène; cela ſeroit d'autant plus aiſé, que j'ai diſpoſé l'ouverture du mur de refend à cette intention.

PLANCHE 5.

l'avant-scène, que du pourtour de la salle. Cette voûte est lisse dans toute sa surface, & ne doit recevoir que des ornements peints, parce que la saillie des corps d'Architecture qu'on pourroit y pratiquer, comme les arcs doubleaux, les cadres, &c. empêcheroient la circulation & le renvoi des sons, auxquels, autant qu'il est possible, il ne faut apporter aucun obstacle.

C'est pour cette raison que j'ai reculé la naissance de la voûte jusqu'aux murs intérieurs, au lieu de la faire porter à l'à-plomb des colonnades, parce que cette derniere maniere, quoique plus favorable à la beauté de la décoration, m'auroit obligé de supprimer le troisieme rang des loges, c'est-à-dire, les gradins placés au-dessus des colonnades; ou bien, si j'eusse voulu les conserver, à percer des lunettes dans la voûte, qui auroient fait autant de trous où les sons se seroient absolument perdus; c'est pourquoi je n'ai pas voulu faire usage de ce moyen, aimant mieux agrandir le diametre de la voûte & prendre le parti d'y peindre un ciel, ce qui alors leve toute difficulté, & augmente, du moins en apparence, le diametre & la hauteur de la Salle.

La partie inférieure de cette derniere, est toute remplie de gradins ou siéges, sur lesquels se place une partie des Spectateurs.

Ces gradins sont divisés en trois parties, savoir celle *U*, placée au milieu de la Salle, qui comprend un espace de 32 pieds de largeur sur 16 pieds de profondeur, & dont les banquettes sont paralleles au devant du Théatre.

Celles *X*, *X*; & *Y*, *Y*, disposées en demi-cercles concentriques à la colonnade, & qui occupent, les deux ensemble, un espace de 27 pieds de profondeur; ces deux parties de gradins sont parfaitement sembables entre elles, & ne different que par leur étendue & le nombre de leurs issues.

L'espace *U*, que je nommerai le parquet, est composé de sept rangs de siéges distants les uns des autres de 2 pieds, y compris leur largeur de 10 pouces; ces siéges ont 17 pouces de hauteur, & sont placés sur un plancher qui est élevé du sol du rez-de-chaussée à la hauteur de 3 pieds 6 pouces du côté du Théatre, & de 6 pieds à son extrémité opposée, ce qui lui donne 2 pieds 6 pouces de pente: cette élévation a été nécessaire, tant pour que ceux qui sont placés au dernier rang voyent commodément, que pour que ceux du premier, étant assis, ayent au moins la tête au-dessus du devant du Théatre, qui est élevé de 6 pieds 9 pouces au-dessus du sol du rez-de-chaussée.

On arrive au parquet par trois couloirs ou corridors cotés *Q* sur la Planche 4, lesquels viennent aboutir à un autre corridor circulaire *p*, *p*, dont la largeur, qui est de 4 pieds 6 pouces, est en partie cachée par la saillie du trottoir *q*, *q*, qui regne au bas du premier rang de gradins.

La surface du parquet est, comme je viens de le dire, inclinée de 2 pieds 6 pouces; mais cette inclinaison n'existe que dans le cas où il y a des siéges placés dessus, parce que quand on veut réunir le parquet avec le dessus du Théatre, on le fait d'abord descendre dans le dessous pour retirer les siéges, & la strade sur laquelle ils sont placés, ce qui étant fait, on le fait remonter jusqu'à ce qu'il porte en dessous du trottoir du premier rang de gradins, & que par conséquent il affleure avec le devant du Théatre.

L'espace coté *X*, *X*, contient six rangs de gradins ou banquettes de 2 pieds de largeur chaque, de 17 pouces de hauteur réelle, & de 11 pouces 4 lignes de hauteur apparente; le dessus d'un gradin étant plus élevé que le bas de celui qui est placé derriere, de 5 pouces 8 lignes: par ce moyen ils prennent moins de hauteur, & les pieds des Spectateurs placés sur les gradins supérieurs, ne gênent pas ceux qui sont placés devant eux, & ne gâtent pas leurs habits.

Le trottoir *q*, *q*, de ce premier rang de gradins, a 20 pouces de largeur; il est élevé de 7 pieds 6 pouces au-dessus du sol du rez-de-chaussée, & est entouré d'un balcon à hauteur d'appui ainsi que le parquet *U*.

On arrive aux gradins *X*, *X*, par les cinq portes ou vomitoires *r*, *r*, lesquelles donnent entrée sur le palier *s*, *s*, qui circule entre le premier & le second rang de gradins; & de ce trottoir on descend par les escaliers *t*, *t*, pour se placer sur les gradins cotés *X*, *X*.

Il faut observer que ces escaliers, quoique vraiment existants, ne font pas perdre de place pour cela, parce que l'espace qu'ils occupent, est rempli par des prolongements de banquettes qui se rabattent lorsque les premiers rangs de gradins sont occupés.

Le second rang de gradins coté *Y*, *Y*, est comme le premier, composé de six rangs de banquettes prolongées dans la profondeur de l'avant-scène.

On arrive à ces gradins par les deux escaliers à vis, placés aux deux côtés de l'avant-scène, & par ceux de l'intérieur dont l'arrivée est en *Z*; & en passant par les paliers

PLANCHE 5.

ou trottoirs x, x, on descend les degrés u, u, pour se placer sur les banquettes à l'ordinaire.

Les quatre premiers rangs de ces banquettes sont interceptés par les ouvertures des vomitoires r, r, qui sont les seules places perdues dans l'enceinte de la Salle; on peut cependant dans les cas extraordinaires y mettre des siéges mobiles.

Les pourtours des vomitoires sont entourés d'une grille ou balcon d'appui qui regne au devant des trottoirs y, y, afin qu'on ne coure pas le risque de s'y précipiter, & en même-temps pour séparer le second rang de gradins d'avec le premier : au haut de ces gradins, & d'après le trottoir x, x, il y a encore une autre rang de banquettes formant un premier socle à l'Ordre Composite de la colonnade, & sur lequel on peut placer beaucoup de monde adossé à l'appui des premieres loges. Ces loges, au nombre de 17, ont 8 pieds 6 pouces de profondeur du dedans de leur appui, sur 9 pieds 6 pouces de largeur moyenne; elles ont quatre rangs de siéges, ce qui les rend doubles des loges ordinaires; cependant comme il arrive rarement qu'il y ait assez de Spectateurs pour occuper toutes ces places, j'y ai fait une cloison z, z, laquelle peut s'ôter au besoin, d'où il résulte que sans faire aucun changement à la forme de la Salle, j'en ai réellement diminué la capacité ; de plus, cette cloison faite de bois uni, d'une épaisseur & d'une densité à peu-près égale, peut augmenter la force des sons en facilitant leur renvoi; son isolement du mur la rendant semblable au corps d'un instrument.

J'ai dit plus haut qu'on arrivoit au second rang de gradins par le palier Z; mais il faut observer que ce palier occupe la loge du milieu de la Salle, & que par conséquent une entrée feroit très-mal en cette place, vu que cette loge est la plus avantageuse de toutes ; c'est pourquoi on ne fera usage de cette entrée que pour sortir du Spectacle. La devanture & les banquettes de cette loge peuvent au moyen d'une machine très-simple s'enlever d'une hauteur suffisante pour procurer le passage des Spectateurs, qui par ce moyen auroient quatre issues pour sortir du second rang de gradins, issues qui sont d'autant plus nécessaires, que cet espace peut contenir plus de 625 personnes.

Avant que de passer à la partie du Théatre, il est bon de dire quelque chose des changements que j'ai faits dans la Salle, relativement aux usages reçus : ces changements sont de deux especes ; les uns ont pour objet la forme de la Salle, & les autres la maniere d'y placer les Spectateurs.

PLANCHE 5.

Quant à la forme de la Salle, je crois qu'il est inutile de faire de vains efforts pour persuader que celle que j'ai employée est la meilleure ; je ne ferois que répéter ce qu'on a dit avant moi à ce sujet, & peut-être mieux que je ne le pourrois faire. Pour ce qui est de la maniere de placer les Spectateurs, c'est tout autre chose, cela tient à des usages reçus, peut-être même à des préjugés, qui, par l'usage & la longueur des temps, ont acquis assez de force pour que ceux même qui pensent le mieux à cet égard, croyent devoir ne pas s'en trop écarter; & si je l'ai fait ici, ce n'est que parce que c'est un projet, dans lequel par conséquent j'ai cru pouvoir m'écarter de la route ordinaire.

Un des changements les plus considérables que j'aye faits dans la maniere de placer les Spectateurs, c'est qu'au lieu d'avoir réservé au milieu de la Salle un lieu vuide nommé parterre, où les Spectateurs se tiennent debout, j'ai rempli son intérieur par des banquettes paralleles au Théatre, comme celles U, placées au centre ; & au pourtour de ces dernieres par d'autres banquettes disposées en forme de gradins circulaires, au-dessus desquels l'Ordre qui décore la Salle prend naissance. De cette nouvelle disposition, il résulte deux grands avantages, savoir la plus grande commodité des Spectateurs, & beaucoup de tranquillité dans le Spectacle : par là ceux qui composent le plus ordinairement l'assemblée du parterre, seront non-seulement tous assis, mais encore assez éloignés du Théatre pour qu'il n'y ait pas à craindre qu'ils puissent, par le bruit qu'ils font, interrompre les Acteurs ; l'espace Y, Y, étant destiné à prendre la place du parterre, c'est-à-dire, à contenir les mêmes Spectateurs, & en pareil nombre, du moins à peu de chose près.

Dans l'arrangement de mon plan, la partie X, X, pourra contenir les mêmes Spectateurs que l'amphitéatre de nos Théatres actuels, & même beaucoup davantage, ce qui ne changera rien à l'ordre établi dans nos Spectacles pour la différence des places, vu que les premieres & les secondes loges seront toujours réservées pour les Dames & pour les personnes de distinction : de plus, rien n'empêcheroit de faire des especes de loges dans le rang de gradins inférieur, c'est-à-dire, d'y séparer des espaces capables de contenir certain nombre de personnes, par le

PLANCHE 5.

moyen de cloisons de bois minces, ou, ce qui feroit encore mieux, par des appuis de fer garnis de fil de laiton, qui tiendroient peu de place & ne nuiroient en rien à la régularité de la décoration. De la suppression du parterre il résulte encore cet avantage, que les Acteurs sont tous vus de face, & non en dessous, comme cela arrive lorsqu'on est placé au parterre, situation vraiment désavantageuse & qui ne peut être bonne que dans un auditoire, & non dans un Spectacle.

J'ai aussi fait quelques changements, dans l'arrangement des loges, ou pour mieux dire de ce qui en tient lieu, parce qu'au lieu d'avoir, selon l'usage qui commence à dominer à présent, placé sur les murs intérieurs de la Salle plusieurs rangs de balcons, soit à l'àplomb les uns des autres ou en retraite, ce qui est mieux, j'y ait fait une colonnade, dont chaque entre-colonnement sert de loge, ce qui fait un bien meilleur effet que ces balcons suspendus, qui, quelque bien décorés qu'ils soient, ont toujours l'air d'être postiches, & annoncent plutôt une restauration, que l'exécution d'un monument dont toutes les parties sont faites les unes pour les autres, & le tout ensemble en raison de sa destination.

Je ne saurois cependant dissimuler ici que si une colonnade, comme celle-ci, décore avantageusement une salle, le plein des colonnes est un grand inconvénient pour ceux qui sont placés au second rang des loges, & sur-tout de celles qui se trouvent sur le côté de *la salle*, parce qu'il y a des instants où ils perdent de vue les Acteurs, ce qui est très-désagréable, & qui feroit même un défaut intolérable dans une petite salle, ou disposée sur un autre plan; mais comme celle-ci est très-grande, cet inconvénient se réduit presque à rien; de plus, l'étendue de chaque loge, permet aux personnes placées au second rang de s'avancer ou de se reculer, de façon que les colonnes ne leur nuisent point ou du moins très-peu: cela est d'autant plus facile, qu'aux premieres loges sur-tout, les devantures ou appuis sont portés au devant des socles des colonnes, de sorte que la seconde banquette n'est pas beaucoup éloignée de ces dernieres.

Des changements dont je viens de rendre compte, il résulte plusieurs avantages, 1°, que la décoration de la Salle devient très-réguliere & d'une richesse analogue à sa destination; 2°, que tous les Spectateurs sont placés commodément, & tous à portée de bien entendre & de bien voir; 3°, enfin, que le pourtour de la Salle pris du devant de l'avant-scène, quoique d'une étendue égale à celui de l'ancienne Comédie Françoise, me donne le moyen, d'après la forme que je lui ai donnée, d'y placer moitié plus de Spectateurs, comme on va le voir ci-après.

Le parquet de ma Salle peut contenir 115 personnes, ci	115
Les six premiers rangs de gradins, 316 personnes, ci	316
Les six autres rangs de gradins supérieurs, 533 personnes, ci	533
La banquette au bas de la colonnade, 92 personnes, ci	92
Les 16 premieres loges, à 19 personnes chacune, sçavoir 4 sur la premiere banquette & 5 sur chacune des 3 autres, 304 personnes, ci	304
Les 17 secondes loges, à 19 personnes chacune, 323 personnes, ci	323
Les 3 rangs de banquettes au-dessus de la colonnade, 300 personnes, ci	300
Total	1983

Je ne comprends pas ici tous ceux qui peuvent être placés dans les loges de l'avant-scène, à l'entrée des vomitoires & ailleurs; ce qui feroit encore un nombre de plus de 200 personnes; de sorte que dans les occasions de presse, cette Salle pourroit contenir 2000, 3 à 400 personnes; & l'ancienne Salle de la Comédie n'en tenoit que 1306, sçavoir;

Pour le parquet, 104 personnes, ci	104
Au parterre, 600 personnes, ci	600
A l'amphithéatre, 90 personnes, ci	90
Aux premieres loges & balcons	168
Aux secondes & troisiemes loges, 344 personnes, ci	344
Total	1306

Après la Salle, le Théatre est la piece la plus importante de tout l'édifice, ainsi que je l'ai déja dit; mais comme je me suis étendu sur la forme de son plan en expliquant la Planche précédente, je n'en parlerai pas ici, si ce n'est pour faire connoître que toute la perfection d'une piece de cette espece, consiste non-seulement dans la solidité de sa construction, mais encore dans la disposition générale de toutes ses parties, lesquelles sont dépendantes les unes des autres, & toutes ensemble des machines théatrales qu'elles doivent contenir; d'où il suit qu'on ne peut rien arrêter touchant la forme & la grandeur d'un Théatre

PLANCHE 5.

si auparavant on ne s'est rendu compte de la forme & de la grandeur des machines de toutes especes, afin de prévoir tous les inconvénients qui peuvent se rencontrer lors de l'exécution, & d'en rendre le service le plus prompt & le plus aisé qu'il est possible.

SECTION QUATRIEME.

Description des Plans du troisieme étage, & des combles.

PLANCHE 6.

LA figure 1 de cette Planche, représente le plan du troisieme étage de cet édifice, tant à l'endroit de la Salle que du Théatre, & par conséquent le plan des terrasses qui couvrent les péristiles, ainsi qu'une partie des bâtiments de derriere.

On arrive au corridor *I, I*, des troisiemes loges, par les grands escaliers *L*, qui y communiquent chacun par deux ouvertures, dont l'une *a*, répond à l'escalier de l'entresol des secondes & troisiemes loges où il se termine, & l'autre *b*, à celui des premieres, qui, au besoin, peut également servir aux secondes.

Ce corridor *I*, circule au pourtour de la Salle, ainsi que ceux des étages inférieurs, & on entre dans la Salle, par cinq ouvertures qui répondent aux gradins *M*, placés au-dessus de la colonnade. Ces gradins forment le troisieme & dernier étage de loges, qu'on nomme ordinairement le paradis.

Ce corridor, ainsi que la partie supérieure des grands escaliers, est éclairé par des croisées comprises dans la hauteur du socle qui sert à exhausser l'attique placé au-dessus, & ces croisées servent en même-temps de portes pour passer du corridor sur les terrasses *N, N*, des péristiles extérieurs, sur lesquelles on peut prendre l'air dans la belle saison.

Ces terrasses sont terminées à leurs extrémités par la partie supérieure des quatre pavillons des angles, ce qui empêche leur communication à l'extérieur, à moins qu'on ne voulût laisser libre les portes *c, c*, qui donnent entrée dans l'intérieur de ces mêmes pavillons, où sont placés les réservoirs *O, O*, qui reçoivent les eaux provenant des terrasses : dans ce cas, il faudroit non-seulement entourer ces réservoirs d'une balustrade de fer, mais les couvrir entiérement par un grillage, afin d'éviter les accidents.

Le corridor *P, P*, qui est de plein-pied à celui *I, I*, circule également au pourtour du Théatre, & on y arrive, tant par ce dernier corridor, dont il n'est séparé que par une grille *d*, que par les quatre escaliers du Théatre, & par ceux *Q*, qui prennent naissance à la hauteur du premier étage, comme on l'a pu voir à la Planche 5.

C'est dans ce corridor que sont placés les dix réservoirs *R, R*, dans lesquels sont conservées les eaux provenant des combles, tant de la salle que du Théatre, pour servir en cas d'incendie.

Ces réservoirs sont écartés les uns des autres, afin de pouvoir placer entre eux des corps de pompes qu'on pourroit faire agir sans nuire en aucune maniere à la circulation des travailleurs ; chose très-essentielle à observer, vu le tumulte & la confusion qui regnent nécessairement dans ces cas-là.

Le corridor *P* a plusieurs issues qui donnent tant dans les réservoirs des deux pavillons latéraux, que sur les terrasses des escaliers, & dans l'étage en galetas pratiqué au-dessus des salons, pour faciliter la circulation dont je viens de parler, & pour assurer une retraite aux travailleurs en cas d'accident. C'est pour cette même raison que j'ai placé dans les angles du corridor les deux escaliers *S*, qui montent aux terrasses dont est entouré le comble de la Salle, afin que si ceux du Théatre devenoient impraticables, ceux-ci puissent y suppléer.

Le plan de l'intérieur du Théatre ne differe en rien de celui du premier étage, à l'exception que dans celui-ci on voit l'étendue des corridors des machines avec les ouvertures *T*, qui doivent être remplies par de fortes trapes de bois qu'on ouvre & ferme au besoin.

La figure 2 représente le plan supérieur de l'édifice, pris à la naissance des combles tant du Théatre que de la Salle, ce qui fait qu'à cette derniere on voit le plan de l'attique qui l'entoure, lequel est plein dans tout son pourtour, à l'exception de deux portes *e, e*, par lesquelles on passe de la terrasse *U* sur celle *X* qui termine la cage des grands escaliers.

La terrasse *U* communique aux deux réservoirs *Y*, placés au-dessus du corridor du troisieme étage, lesquels réservoirs reçoivent en premier les eaux du comble du Théatre, tant

PLANCHE 6.

tant pour servir au besoin dans la partie supérieure de ce dernier, que pour faciliter le renouvellement des eaux des réservoirs inférieurs auxquels ceux-ci pourroient en quelque sorte servir de supplément: cela est d'autant plus à propos qu'on ne rechangeroit pas l'eau de ces derniers tout à la fois, mais à des temps différents & à l'approche de la saison pluvieuse, c'est-à-dire, vers le temps des Equinoxes.

La partie supérieure du Théatre n'offre rien de particulier, ou du moins, qui exige une description détaillée ; ce que j'ai dit jusqu'à présent à ce sujet, & ce que je dirai dans la suite, joint à l'inspection de ce plan, doit suffire ; c'est pourquoi je vais passer tout de suite à l'explication des coupes de mon projet, après avoir fait quelques observations au sujet du plan dont je viens de faire la description, sur-tout relativement aux précautions que j'ai prises par rapport aux incendies.

Personne n'ignore combien les incendies sont à craindre dans les maisons particulieres, & à plus forte raison dans les édifices publics, sur-tout ceux dont il est ici question, qui renferment à certaines heures un grand nombre de Citoyens de tous les rangs & de tous les états, & qui, quelque solidement construits qu'ils puissent être, sont continuellement exposés aux accidents du feu, eu égard à la quantité des lumieres & des matieres combustibles dont ils sont nécessairement remplis ; c'est pourquoi je crois qu'il est inutile de faire de grands efforts pour prouver combien les précautions que je recommande ici sont utiles & nécessaires.

Ces précautions sont de deux sortes, savoir celles qui tiennent au local de l'édifice, & celles qui lui sont accessoires.

Les premieres consistent, tant dans la solidité de la construction que dans la disposition des issues, qui, non-seulement doivent être nombreuses pour faciliter, dans un instant, la sortie de la multitude des Spectateurs, mais encore d'un usage facile & simple, pour que dans un moment de trouble, comme un incendie ou tout autre accident, tant ceux qui ont coutume de fréquenter le spectacle, que les Etrangers & les Citoyens qui n'en connoîtroient par le local, puissent se mettre promptement en sûreté.

La seconde espece de précaution consiste dans une quantité suffisante de réservoirs pleins d'eau & de pompes prêtes aux besoins, & placés de maniere qu'ils soyent toujours en état de servir, & par conséquent à l'endroit qu'ils doivent occuper, de maniere que leur service n'interrompe point la circulation des travailleurs qui doivent non-seulement être libres, mais encore avoir des retraites sûres qui les mettent à l'abri du danger, ce qui augmente leur courage, &, si je l'ose dire, l'intrépidité dont ils ont besoin.

Quant aux réservoirs, il faut qu'ils entourent particuliérement le Théatre, au haut duquel ils sont d'autant mieux placés, qu'ils sont à la porté des Pompiers : sans cela on ne pourroit que très-difficilement faire usage des pompes, si elles étoient placées au bas du Théatre, vu la quantité de choses de toute espece dont il est embarrassé.

De plus, le service des pompes ainsi éloigné, ne fait pas un grand effet, au lieu qu'étant dirigées du haut & proche des réservoirs, on seroit à portée d'en tirer tout le parti possible, & de perdre moins d'eau, qui, quelque abondante qu'elle soit, n'est jamais en trop grande quantité. Il est bon d'observer qu'il faut que les réservoirs ainsi placés, contiennent autant d'eau, qu'il est possible, du moins autant que les eaux pluviales peuvent en fournir, afin qu'on soit à portée de noyer tout de suite la partie embrasée, & n'être pas obligé d'attendre des secours étrangers, qui, quelques prompts qu'ils puissent être, arrivent toujours trop tard : c'est ce que j'ai fait ici, où les réservoirs qui sont placés au haut de mon Théatre, à les estimer à leur plus petite capacité, contiennent plus de 14 à 15 milles pieds cubes d'eau, sans toute celle des réservoirs inférieurs qui pourroient en contenir une quantité encore plus considérable : cela seroit certainement suffisant pour être en état de se passer de secours étrangers, ou du moins de les attendre sans crainte.

On m'objectera peut-être que les accidents dont je parle arrivent rarement, ce qui est heureusement vrai ; mais enfin ils arrivent quelquefois & peuvent encore arriver, d'où il faut conclure que les précautions que je recommande sont nécessaires, tant pour prévenir le mal, qu'y remédier s'il arrive ; & supposé même qu'il n'arrivât jamais, tranquilliser l'esprit des Spectateurs, qui, lorsqu'ils viennent à réfléchir sur les dangers où la mauvaise construction de nos Spectacles les exposent continuellement, n'y assistent pas sans un sentiment de crainte qui trouble une partie du plaisir qu'ils y goûtent; ce qui ne seroit pas s'ils étoient persuadés que quelque chose qui

PLANCHE 6.

puiſſe arriver, rien ne pourroit empêcher ou retarder leur ſortie, qui, dans ce cas-là, eſt toujours une fuite très-précipitée (1).

Par la forme & la diſpoſition de mon projet, je crois avoir ſuffiſamment pourvu à ſa conſervation & à celle des Spectateurs, ainſi qu'on l'a pu voir juſqu'à préſent & qu'on le verra encore mieux, lorſque j'aurai fait la deſcription des coupes de ce même projet: ſi j'ai ſemblé m'appeſantir un peu ſur les précautions que je recommande ſi fort, c'eſt qu'elles ont été trop négligées juſqu'à préſent, à l'inſtant même de la conſtruction de nos Salles de Spectacles.

SECTION CINQUIEME.

Deſcription de la coupe de la Salle priſe ſur la ligne G, H.

PLANCHE 7.

LA Planche 7 repréſente la coupe de la Salle priſe en face & au nud de l'avant-ſcène, de maniere qu'elle paſſe par l'axe d'une des principales enfilades de l'édifice; ce qui m'a donné le moyen d'en faire voir toutes les iſſues.

Au deſſous du rez-de-chauſſée ſont des caves ou ſouterrains de 14 pieds de hauteur ſous clef, leſquels répondent à toutes les piéces de deſſus, de maniere que le plan de ces ſouterrains eſt exactement le même que celui du rez-de-chauſſée, du moins pour les formes générales, & aux changements près, qu'exige la ſolidité de la conſtruction.

Au centre de l'édifice & au niveau du rez-de-chauſſée eſt le deſſous du parquet, c'eſt-à-dire, le ſouterrain dans lequel il deſcend lorſqu'on veut ôter les banquettes de deſſus pour le faire remonter enſuite au niveau du Théatre: ce deſſous a 24 pieds 6 pouces de profondeur & 37 pieds de largeur dans ſon grand diametre; il eſt diſpoſé en retraite au nud des autres ſouterrains, afin de procurer un repos au plancher du parquet qui vient s'appuyer deſſus.

Dans le milieu & au fond de ce deſſous, eſt une porte qui communique avec le deſſous du Théatre; & les trois autres ouvertures pratiquées au-deſſous du ſouterrain du parquet, ſont des corridors qui tournent au pourtour de ce même ſouterrain, pour communiquer aux cheminées des contre-poids, qui ſervent à faire monter le parquet que je n'ai pas repréſenté ici, afin de laiſſer voir le devant de l'avant-ſcène. Au rez-de-chauſſée on voit d'abord la coupe des promenoirs ou galeries extérieurs, au fond deſquels paroiſſent les eſcaliers qui conduiſent au premier étage. En avançant du côté du Théatre, on voit la coupe du corridor, dont la hauteur eſt diviſée par le plancher de l'entreſol, qui eſt de niveau avec le deſſus du premier rang de gradins. Au fond du corridor, ſont les eſcaliers qui conduiſent au corridor du Théatre: celui-ci eſt ſéparé du premier par une grille de fer, au-deſſus de laquelle & dans un plan un peu plus avancé, eſt un mur où l'on a pratiqué une ouverture en forme d'œil-de-bœuf, qui ſert à éclairer le corridor d'entreſol qu'il termine. En avançant toujours on entre ſous le paſſage qui conduit au parquet; ce paſſage a 6 pieds 9 pouces de hauteur à ſes deux extrémités, hauteur qui a été bornée par celle des paliers ſur leſquels ces paſſages ſont pratiqués.

En entrant ſous ces paſſages on voit à rez-de-chauſſée l'eſcalier qui conduit ſur le Théatre & aux loges conſtruites ſous le ſecond rang de gradins; & au-deſſus du palier qui termine la hauteur du paſſage, on voit dans le fond l'eſcalier qui conduit au ſecond rang de gradins.

D'après le palier, en avançant au centre de l'édifice, on rencontre l'eſcalier des vomitoires, lequel eſt vu en coupe, ainſi que la partie ſupérieure du ſecond gradin. L'élévation de cet eſcalier m'a donné la facilité d'élever la partie intermédiaire du paſſage, ce qui le fait paroître moins écraſé & lui procure plus d'air. Au premier étage on voit la coupe des

(1) J'ai été témoin de l'effet que la crainte du danger, ſans être même réel, peut faire ſur une multitude. Un jour que j'étois à la Comédie Italienne où l'on donnoit le Déſerteur, (c'étoit en 1771) comme on faiſoit le changement pour le cinquieme Acte, une voix s'écria: *au feu; nous allons périr.* Au même inſtant tous les Spectateurs, ſans examiner s'il étoit vrai que le feu fût quelque part, ſe retournent & ſe précipitent vers la porte; & dans l'eſpace de quelques ſecondes, le veſtibule, les corridors & les eſcaliers des loges furent remplis de gens effrayés qui s'y précipitoient les uns ſur les autres, au danger d'y être écraſés ou étouffés; tant ils étoient perſuadés que le feu étoit véritablement dans la Salle, quoique pas un ſeul n'eût vu de feu, ni même ſenti de fumée. Je fus moi-même emporté par la foule, où je reſtai aſſez long-temps pour craindre, non pas d'y être brûlé, puiſqu'il n'y avoit pas de feu, mais d'y être étouffé, ou d'avoir quelques membres rompus: enfin, après s'être bien preſſés, ceux qui étoient les plus proches de la ſalle, s'étant aſſez remis de leur frayeur pour regarder derriere eux, & voyant qu'il n'y avoit pas de feu, y rentrerent & engagerent ceux qui les précédoient à en faire autant, ce qu'ils ne firent en partie que forcément, & parce que la porte extérieure avoit été fermée à l'inſtant même qu'on s'apperçut de l'émotion des Spectateurs: précaution fort ſage, & qui, comme j'en ſuis perſuadé, à ſauvé la vie, ou du moins les membres à une infinité de perſonnes qui en furent quittes pour la peur.

PLANCHE 7.

périſtiles, au fond deſquels & au travers de l'arcade des pavillons, on apperçoit la porte qui donne entrée à l'anti-chambre du chauffoir. D'après les périſtiles, on voit la coupe des corridors des premieres & ſecondes loges; celui des premieres eſt prolongé juſque derriere le Théatre, mais il y a une grille placée à l'endroit du mur qui ſépare la Salle d'avec le Théatre, afin d'empêcher la communication de ces deux piéces, comme je l'ai dit plus haut: le corridor des ſecondes loges ne regne qu'au pourtour de la ſalle, & chacune de ſes extrémités eſt terminée par un balcon qui donne ſur le corridor du Théatre, lequel monte de fond, comme on le verra ci-après.

Le corridor des troiſiemes loges regne au pourtour de tout l'édifice; mais il eſt fermé par des grilles poſés à l'à-plomb de celles des autres corridors, & pour la même raiſon: de plus, ce corridor, dans le pourtour du Théatre, eſt occupé par des réſervoirs, des corps de pompes & autres choſes néceſſaires pour remédier aux incendies. Le ſol du corridor des troiſiemes loges eſt un peu élevé, par rapport à elles; il auroit été à ſouhaiter qu'il fût plus bas au moins de 6 pieds, ce que j'aurois certainement fait, ſi la ſolidité de la conſtruction ne m'avoit pas obligé de faire régner enſemble le ſol de ce corridor avec celui des terraſſes qui couvrent les périſtiles, afin que les pouſſées des deux voûtes en faiſant effort l'une contre l'autre, ſe ſoutiennent mutuellement; de plus, il faut faire attention que trois ouvertures, ou tout au plus cinq, ſuffiſent pour donner entrée ſur les gradins ſupérieurs de la colonnade formant les troiſiemes loges; que ces ouvertures n'ont pas beſoin d'être très-grandes, & qu'elles peuvent même ſe fermer, de maniere qu'on ne les puiſſe pas appercevoir de l'intérieur de la Salle, où elles feroient d'autant plus mal que le plafond dans lequel elles ſont percées repréſente un ciel.

Ces corridors ſont éclairés par des portes croiſées, qui donnent ſur les terraſſes des périſtiles, & par le moyen deſquelles on paſſe ſur ces dernieres pour prendre l'air dans la belle ſaiſon. Ces terraſſes font tout le tour de l'édifice; mais elles ſont interceptées par le couronnement des quatre pavillons, dans la partie ſupérieure deſquels il y a des réſervoirs qui reçoivent les eaux de ces mêmes terraſſes pour s'en ſervir au beſoin; ce qui n'empêche cependant pas qu'on ne puiſſe communiquer de l'une à l'autre quand cela eſt néceſſaire, par le moyen des portes de communication qui y ſont obſervées, comme je l'ai déjà dit & qu'on le peut voir dans cette coupe.

PLANCHE 7.

Au deſſus du corridor des troiſiemes loges, ſont pratiquées des terraſſes qui, à l'extérieur, ſont entourées de l'attique qui s'éleve au-deſſus à la hauteur de 21 pieds 6 pouces, de maniere qu'il cache le comble de la Salle, qui a 32 pieds 6 pouces d'élévation, pris du deſſus des murs intérieurs de la Salle, ſur 119 pieds de largeur pris de l'extérieur de ces mêmes murs.

Ce comble, quoique ſur un plan circulaire, eſt compoſé de cinq *Fermes*, diſpoſées parallelement les unes aux autres, & toutes ſemblables à celle repréſentée dans cette coupe; à cette différence près qu'elles diminuent de largeur en raiſon du rétreciſſement du plan: cette charpente eſt ainſi diſpoſée pour conſerver davantage de place dans l'intérieur du comble qui doit ſervir de magaſin pour y placer les choſes dont on ne fait pas continuellement uſage.

Ce comble eſt éclairé par cinq croiſées; dont deux de chaque côté & une au fond; il y a auſſi trois portes qui donnent entrée ſur les terraſſes extérieures; ſavoir une de chaque côté, & une dans le fond, placée au-deſſous de la croiſée, comme on peut le voir dans la coupe priſe ſur la longueur de l'édifice.

La partie ſupérieure de ce comble eſt terminée par une terraſſe de 12 pieds de largeur ſur 59 pieds 6 pouces de longueur; ce que j'ai obſervé aux deux combles, pour faciliter le travail des Ouvriers, ſur-tout dans le cas d'un incendie.

Je ne m'étendrai pas ici ſur la conſtruction de la charpente de cette partie, parce que cela me jetteroit dans un trop grand détail; tout ce que je puis dire, c'eſt que quoique ce comble ſoit d'une très-vaſte étendue, je n'y ai employé que des bois d'une médiocre groſſeur & en moindre quantité poſſible, & que je les ai diſpoſés de maniere qu'ils ſont tous employés dans le ſens de leur plus grande réſiſtance, c'eſt-à-dire, ſur leurs longueurs; de ſorte que, vu leurs diſpoſitions, ils ſe ſoutiennent mutuellement, & ne pouſſent aucunement au vuide, encore que les murs & leurs points d'appuis ſoyent d'une force ſuffiſante pour ſoutenir un très-grand effort.

Au-deſſus du comble de la Salle s'éleve le mur de pignon qui la ſépare d'avec le Théatre, & qui ſoutient le comble de ce dernier, dont la forme eſt la même que celui de la Salle, à quelque différence près;

Planche 7.

comme on le verra en son lieu. Ce mur de pignon ou de refend, puisqu'il sépare la Salle d'avec le Théatre, a 163 pieds de hauteur du sol du rez-de-chaussée, sur 119 pieds de largeur pris du dehors des murs extérieurs, sans compter la largeur des corridors latéraux & des murs de face, qui étant réunis par des voûtes, augmentent cette largeur de 34 pieds 6 pouces.

Il est percé dans sa largeur par une arcade *Ogive* de 95 pieds de hauteur pris du sol du rez-de-chaussée, sur 68 pieds de largeur: dans cette largeur est comprise l'avant-scène du Théatre, comme on le peut voir dans cette coupe, dans laquelle on voit au travers de la ferme du comble la partie supérieure de l'arcade ogive dont je parle, & qui facilite la communication du comble de la Salle, avec le comble ou cintre du Théatre.

La partie supérieure du mur du pignon suit la pente du comble du Théatre, & elle est garnie de deux rangs de degrés, au moyen desquels on monte sur ce dernier: ces degrés ont une rampe de fer qui regne dans toute la largeur du mur du pignon, & vient retourner sur les deux principaux réservoirs placés au-dessus des corridors des troisiemes loges.

Ces réservoirs, dont la longueur est d'environ 30 pieds, sont situés moitié au-dessus des corridors de la Salle, & moitié au-dessus de ceux du Théatre, & destinés à recevoir les eaux du comble du Théatre, & de-là les communiquer à ceux de l'étage au-dessous, qui reçoivent aussi celles du comble de la Salle.

L'étendue de ces premiers réservoirs n'est certainement pas suffisante pour contenir toutes les eaux du comble du Théatre; mais je ne les ai faits que pour que dans le cas où l'on voudroit raccommoder ou nétoyer ceux de l'étage inférieur, on ait toujours une certaine quantité d'eau prête au besoin.

La face de la partie supérieure du mur de pignon est percée de cinq ouvertures, dont deux éclairent les escaliers du devant du Théatre, & les trois autres la partie supérieure du cintre, auquel celle du milieu sert de porte d'entrée pour y communiquer de dessus le comble de la Salle.

Le milieu de cette coupe représente la face du Théatre & toute l'avant-scène, c'est-à-dire, l'ordonnance composite qui décore cette derniere & les deux parties circulaires qui l'accompagnent.

Ces deux parties circulaires sont ornées de niches avec figures: aux deux côtés des niches sont des tables renfoncées qui portent des médailles où sont représentés les plus illustres Poëtes anciens & modernes.

Planche 7.

Tous les ornements de ces deux parties circulaires doivent être peints, & sur-tout les niches, afin que rien dans cette partie de la Salle ne porte obstacle à la sortie des sons.

Le haut de l'avant-scène est terminé par une plate-bande droite dans sa longueur, laquelle est soutenue par des consoles ou petits attiques en voussure qui l'éleve au-dessus de l'entablement des colonnes, afin de lui donner plus de grace, & rendre la forme de l'ouverture du Théatre un peu plus élevée, à quoi j'ai été contraint par sa grande largeur.

Le plafond de la Salle représente un ciel, comme je l'ai déja dit plus haut, & dans la partie supérieure de l'avant-scène, ce ciel semble s'ouvrir pour y laisser voir Apollon accompagné des neufs Muses, dont le grouppe sert de couronnement à l'ouverture du Théatre, ce qui fait que la plate-bande & les parties d'Architecture qui l'accompagnent sont en partie cachées par les nuages. Cette espece de couronnement m'a fourni le moyen d'éclairer la Salle par le haut, en plaçant dans la partie de la voûte où est représenté Apollon, des foyers de lumiere assez considérables pour procurer à la Salle une clarté suffisante & en même-temps douce & naturelle, qui ne dispute en aucune maniere avec celles qui éclairent le Théatre dont toutes les décorations sont supposées éclairées par le haut.

La lumiere dont je parle ici, c'est-à-dire, celle qui semble venir du ciel & des rayons qui sortent de la tête d'Apollon, peut bien suffire pour éclairer la Salle; mais elle ne suffit pas pour éclairer l'avant-scène, & les Acteurs qui étant sur cette partie du Théatre se trouveroient dans la *demi-teinte*, ou tout au plus éclairés par des reflets de lumiere très-foibles; c'est pourquoi j'ai placé aux deux extrémités & sur le devant du Théatre, des piedestaux qui supportent des grouppes d'enfans, derriere lesquels sont placées des lumieres dont les rayons dirigés au centre du Théatre éclairent également l'avant-scène & les Acteurs, ce qui m'a donné la facilité de supprimer la rampe ou filet de lumiere qu'on place ordinairement sur le devant du Théatre, & qui fait toujours un très-mauvais effet, puisqu'il éclaire les Acteurs

en

PLANCHE 7.

en dessous, ce qui change & défigure tous leurs traits; de plus, la fumée & l'éblouissement que cause la lumiere de la rampe, est encore une raison de plus pour en autoriser la suppression, & y substituer d'autres moyens, comme celui que je propose, ou tout autre qu'on jugera convenable.

On pourroit objecter que les piedestaux que j'ai placés aux deux côtés du Théatre pour porter les lumieres feroient un mauvais effet dans l'exécution; mais on doit faire attention qu'ils ne seroient presque pas vus de la plus grande partie des Spectateurs, attendu que la rampe des premiers gradins les cacheroit presqu'entiérement, ainsi qu'on peut le voir dans cette coupe du côté où la rampe n'est pas supprimée: je ne l'ai représentée au côté opposé que pour faire voir la grandeur & la forme d'un de ces piedestaux: c'est pour la même raison qu'aux premieres loges de ce même côté, j'ai aussi supprimé la coupe des banquettes de cette loge, pour faire voir la porte d'entrée par laquelle on arrive aux gradins supérieurs.

Avant que de quitter le *détail* de cette coupe, il est bon de faire quelques observations au sujet de la grandeur de l'avant-scène ou ouverture du Théatre proprement dite.

Cette avant-scène de 50 pieds de largeur & de 49 pieds 6 pouces de hauteur, est certainement très-considérable, du moins pour la représentation de certaines pieces où le Théatre doit représenter l'intérieur d'un appartement, une chambre rustique, ou tout autre objet de peu de conséquence; cependant il est des occasions où la grandeur de l'ouverture du Théatre, telle qu'elle est ici, n'est pas trop considérable, sur-tout quand le Théatre doit représenter, soit une forêt, une place publique, une ville assiégée, un port de mer avec des vaisseaux, ou enfin tous autres grands objets qui exigent non-seulement beaucoup d'étendue, mais encore un grand nombre d'Acteurs (1): c'est pourquoi j'ai cru qu'il étoit bon de donner à cette ouverture toute la grandeur possible, dût-on être quelquefois obligé de la rétrecir & d'en diminuer la hauteur, par des retroussis de rideaux nommés communément *Manteau d'Arlequin*, ce qui, me semble, vaut beaucoup mieux que de diviser la largeur de cette ouverture en trois parties pour faire trois scènes sur le même Théatre, division toujours mauvaise, en ce qu'elle ôte l'unité de l'action, en partageant l'attention des Spectateurs, & qui, quand elle seroit nécessaire, feroit toujours mal, à cause du peu de rapport qui se trouveroit entre les objets représentés par ces différentes scènes & le corps d'Architecture qui formeroit cette division.

PLANCHE 7.

De plus, supposé qu'il fût quelquefois nécessaire d'enfreindre les regles de l'unité de lieu dans la représentation d'une même piece, que deviendroient les colonnes ou tout autre corps servant à former la division de l'ouverture du Théatre, lorsque le *décor* de ce dernier viendroit à changer, & qu'au lieu de quelques parties intérieures d'un palais ou d'un temple, il représenteroit une forêt, une mer, ou enfin un antre ou même les enfers; ils feroient non-seulement très-mal, mais encore ils ne pourroient plus exister sans nuire aux Acteurs & aux Spectateurs: d'où il faut conclure que la division de l'ouverture du Théatre ne peut raisonnablement avoir lieu, & que s'il étoit quelquefois nécessaire de représenter plusieurs scènes en même-temps sur un Théatre, le changement de ces scènes devroit être amené par la forme & l'ordonnance des décorations, & non pas par la disposition locale de l'ouverture de ce même Théatre.

SECTION SIXIÈME.

Description de la coupe de la Salle & du Théatre, prise sur la ligne A, B.

PLANCHE 8.

LA Planche 8 représente la coupe du Théatre projetté dans toute sa longueur; c'est-à-dire, la coupe de la Salle & du Théatre sur leur profondeur. La coupe de la Salle, quant à ses parties extérieures, est exactement la même qu'à la Planche précédente, du moins à si peu de différence près, qu'il me semble inutile d'entrer dans aucun détail à ce sujet: il n'en est pas de même de l'intérieur de la Salle ni de celui du comble qui la couvre.

PLANCHE 8.

(1) Quelque large que soit cette avant-scène, il auroit été à souhaiter qu'elle le fût encore davantage, comme je l'ai déja dit, tant pour les raisons que je viens de donner, que relativement à la forme de la salle qui, étant très-large, exige davantage d'ouverture à l'avant-scène, afin que le plus grand nombre des Spectateurs puisse voir l'intérieur du Théatre; mais, quoique convaincu de cette vérité, je n'ai pas cru devoir la hazarder dans mon projet, qui n'est déja que trop éloigné des usages reçus, & par conséquent exposé à déplaire au plus grand nombre: c'est pourquoi je me contente d'en parler ici, persuadé que les Lecteurs instruits & judicieux me rendront justice à cet égard.

Planche 8.

Ce comble est représenté ici sur la longueur, de maniere que ses fermes sont toutes pées dans le milieu de leur largeur, ce qui donne le moyen d'en connoître l'écartement, qui est d'environ 12 pieds entre deux, & de voir en même temps la forme du faîtage élevé de 22 pieds 6 pouces du dessus du plancher jusqu'au-dessus du sous-faîte; de sorte qu'il y a dans ce comble quatre espaces principaux de 20 pieds 6 pouces de hauteur, 12 pieds de profondeur, & de 46 pieds de largeur prise de la rencontre des grandes moises avec le second entrait, sans compter ce qui reste de largeur jusqu'au fond du rampant du comble, ce qui fait que ce dernier peut, ainsi que je l'ai déja dit, servir d'un très-vaste magasin.

La partie de ce comble qui vient rejoindre le mur de pignon, ne porte pas sur ce dernier, mais sur un encorbellement en saillie pratiqué dans la surface de ce mur: cet encorbellement sert à soutenir l'extrémité des pannes du comble, & en même-temps d'escalier extérieur pour arriver au cintre, par la porte qui est percée au milieu du mur de pignon.

Le plancher de ce comble est posé immédiatement sur les grands entraits de ces fermes, au-dessous desquels passe la voûte ou calotte de la Salle qui y est attachée, ou pour mieux dire suspendue par des tirants de fer attachés aux entraits, de maniere cependant qu'on puisse les ôter quand on le juge à propos.

La voûte de la Salle ne peut guere être construite qu'en bois, à cause de sa grande étendue & son peu de hauteur, comparaison faite avec cette étendue; & pour qu'elle fasse l'effet demandé, c'est-à-dire, qu'elle soit propre au renvoi des sons, il faut faire en sorte qu'elle soit isolée de toutes parts, ainsi que je l'ai observé.

Il faut aussi avoir soin que son épaisseur ne soit pas trop considérable mais elle doit être à peu-près égale dans toute sa surface: il seroit même à propos d'en fortifier les joints, & d'assurer la liaison des parties qui le composent avec des étoupes & des nerfs battus, collés à sa partie extérieure.

Immédiatement au-dessous de la retombée de la voûte & au nud de l'encorbellement qui la soutient, sont placés les gradins qui forment les troisiemes loges; ces gradins sont divisés en deux parties sur la largeur, l'une sur laquelle la personne qui est assise le plus haut pose ses pieds, & l'autre sur laquelle s'assied celle qui est placée plus bas, de sorte qu'il y a 6 pouces de différence de hauteur entre ces deux parties; ce que j'ai été obligé de faire pour donner plus de hauteur aux gradins supérieurs, afin que les Spectateurs puissent tous également voir au centre de la Salle, sans être obligés de se lever de dessus leurs siéges, comme cela arrive lorsqu'on ne prend pas la précaution de donner aux gradins une hauteur relative à celle où ils sont placés, & à la distance d'où ils sont de l'objet qu'on doit appercevoir étant assis.

Planche 8.

J'ai donné ailleurs les dimensions de largeur & de hauteur des différentes parties, dont l'intérieur de la Salle est composé; je vais maintenant passer aux détails de ces différentes parties, du moins autant que cela sera nécessaire.

L'Ordre Composite qui décore cette Salle, a 20 pieds de hauteur, y compris base & chapiteau; les fûts des colonnes sont cannelés, mais ces cannelures ne doivent être que peintes; elles sont élevées sur un socle de 5 pieds 4 pouces de haut, y compris le premier socle servant de banquette. Ce socle paroît d'abord un peu haut, comparaison faite avec l'Ordre; mais il faut faire attention que les Spectateurs qui seront assis devant, en masqueront la plus grande partie, & qu'il étoit nécessaire qu'il restât de l'intervalle entre le dessus de leur tête & l'appui des premieres loges, auxquelles ce socle sert de devanture, afin qu'ils ne nuisent pas aux personnes qui, placées dans les premieres loges, s'appuient sur ces devantures.

De plus, cette grande hauteur de socle étoit encore nécessaire pour que ceux qui, se tiennent debout ou qui passent sur le trottoir supérieur des gradins, ne puissent pas intercepter la vue des Spectateurs placés aux premieres loges.

Les gradins ou banquettes de ces dernieres sont disposés de la même maniere que ceux de l'intérieur de la Salle, & le plus bas de ces gradins est situé de façon que son sol se trouve élevé de 3 pieds au-dessus du sol des gradins supérieurs, de sorte qu'il reste encore 2 pieds 4 pouces de hauteur d'appui à ces loges, ainsi qu'on l'a pu voir dans la coupe précédente: les gradins inférieurs de la premiere loge vus dans celle-ci, ont été supprimés pour faire voir l'entrée de l'escalier par lequel on descend du second rang de gradins.

Le dessous des secondes loges est élevé de 12 pieds au-dessus du sol des premieres: cette élévation est sans doute très-considérable; mais elle étoit nécessaire, tant pour

PLANCHE 8.

donner de la grace à la décoration de la Salle, que pour qu'il restât beaucoup de vuide entre les différents rangs de Spectateurs, afin que les sons venant frapper contre des parties lisses & sonores soyent repoussés dans l'intérieur de la Salle, pour renforcer ces mêmes sons, & pour en assurer la continuité.

Cette observation est très-essentielle, surtout dans une Salle de la grandeur de celle-ci, où on ne doit rien négliger de ce qui peut contribuer à mettre tous les Spectateurs à la portée d'entendre distinctement les paroles de l'Acteur.

L'appui des secondes loges est très-orné, & pour qu'il semble moins postiche, & intercepter la longueur du fût des colonnes, je l'ai reculé vers le centre de ces dernieres, ce qui fait d'autant mieux, que celui des premieres loges fait avant-corps sur celui des secondes d'environ 15 pouces.

La hauteur des secondes loges est de 9 pieds depuis leur sol jusqu'au dessous de l'entablement, & de 11 pieds 6 pouces jusque sous le plafond intérieur de la colonnade, ce qui donne encore une très-grande surface lisse au-dessus de la tête des Spectateurs; surface, je ne saurois trop le répéter, absolument nécessaire pour le renvoi des sons, qui, lorsqu'ils ne rencontrent par des corps durs & lisses, se perdent absolument; & cela arrivera toutes les fois qu'on remplira toute la hauteur d'une Salle par des rangs de loges si près les unes des autres qu'elles formeront autant de trous, dans lesquels les sons s'anéantissent absolument, puisque les Spectateurs remplissent presque toute la capacité de ces loges, & que rien n'absorbe tant les sons que les corps mous, tels que les habits des Spectateurs, & les Spectateurs eux-mêmes.

On m'objectera peut-être que par la disposition des gradins placés dans l'intérieur de la Salle, je suis tombé dans le défaut que je reproche aux Salles ordinaires, & que je semble vouloir éviter ici avec tant de soin, ce qui n'est pas sans quelque fondement; mais il faut observer que les sons montent toujours, & que par conséquent les Spectateurs placés sur ces gradins, n'en peuvent pas absorber beaucoup : cela est d'autant plus certain, que les plus élevés de ces derniers ne le sont pas de plus de 9 pieds au-dessus de la bouche de l'Acteur, point d'où portent les sons.

D'ailleurs, supposé que les Spectateurs placés sur les gradins en absorbassent une certaine quantité, c'étoit donc une raison de plus pour m'obliger à observer un grand nombre de repoussoirs dans la partie supérieure de la Salle, & à la construire de maniere qu'elle favorisât le plus qu'il a été possible la circulation & la répercussion des sons.

PLANCHE 8.

C'est ce que je me suis efforcé de faire en laissant beaucoup de vuide entre les loges, & en évitant dans toutes les parties de la Salle les cavités & les angles, & généralement toute espece de ressaut, & ayant pris la précaution d'en arrondir toutes les parties, tant en plan, qu'en élévation, comme on peut le voir dans cette Planche & dans les précédentes.

Le Théatre proprement dit, est une piece d'une aussi grande conséquence, que la Salle dont je viens de parler; car si cette derniere doit être construite de maniere qu'on y puisse voir & entendre commodément, il est très-essentiel que toutes les parties constitutives du Théatre soient relative à son usage : ce principe élémentaire & indispensable a pour l'ordinaire été très-négligée dans la plupart des Spectacles modernes, soit par la faute des Ordonnateurs, ou le plus souvent par la disposition locale des endroits où ils ont été construits.

Un Théatre, pour remplir les vues relativemes aux usages modernes, doit être composé de trois parties principales, quoique comprises dans une même cage de bâtiment; savoir, 1°, le Théatre proprement dit, qui doit être un peu plus élevé que le sol de la Salle; 2°, le dessous du Théatre; 3°, le dessus ou cintre. Ces trois parties, qui, a proprement parler, n'en font qu'une seule quant à la construction de l'édifice, exigent une grande élévation; car le dessous doit être d'une hauteur à peu-près égale à celle de l'avant-scène ou ouverture du Théatre, ou du moins être assez profond pour pouvoir contenir la hauteur des plus grands chassis de décoration, & de plus les machines qui font mouvoir ces mêmes chassis.

Du dessus de l'avant-scène jusqu'au-dessous du premier plancher, il doit y avoir une distance pour le moins égale à la hauteur des chassis dont je viens de parler; & de dessus ce premier plancher jusqu'au sommet du comble, une distance pour le moins égale à cette derniere, afin d'y pouvoir placer commodément toutes les machines nécessaires.

J'ai donné ci-dessus, *page* 45, les dimensions du Théatre représenté en coupe dans cette Planche, du moins pour la longueur; je vais donner présentement celles de hauteur, lesquelles ont été déterminées d'après les

Planche 8.

observations dont je viens de parler ci-dessus.

Le devant du Théatre est élevé au-dessus du sol de la Salle, & par conséquent du rez-de-chaussée de tout l'édifice, de 6 pieds 9 pouces, & de 10 pieds sur le derriere, c'est-à-dire, à l'arriere-scène, ce qui lui donne à peu-près 2 pouces de pente par toise, sa longueur étant d'environ 18 toises.

Cette pente est peu considérable, vu que celle des Théatres de Comédie est d'environ 3 pouces par toise; mais comme ce Théatre est également destiné pour l'Opéra, & par conséquent pour y exécuter les danses, une trop grande pente deviendroit dangereuse pour les danseurs; c'est pourquoi je l'ai réduite à la moindre inclinaison possible: cela étoit d'autant plus naturel, que les Spectateurs contenus dans l'enceinte de la Salle, sont sur un plan plus élevé qu'à l'ordinaire, ce qui par conséquent augmente la pente du Théatre, du moins en apparence.

Le dessus de la partie antérieure du Théatre, ou, comme on dit communément, de l'avant-scène, est séparée du dessous proprement dit par le mur du pignon, qu'on nomme aussi *mur d'avant-scène*, & c'est en cet endroit qu'est situé l'orquestre, qui est le lieu où se placent les Symphonistes.

Comme ce Théatre est destiné aux différents genres de Spectacles, l'orquestre est disposé de maniere qu'elle puisse faire partie du Théatre lorsqu'il servira à la Comédie: alors on placeroit les Symphonistes aux deux côtés de l'avant-scène au bas des seconds rangs de gradins, de sorte que l'Acteur pourroit avancer jusqu'au devant du Théatre, & par conséquent au centre de la Salle pour être mieux entendu des Spectateurs.

Dans l'Opéra, au contraire, où les Acteurs peuvent être plus éloignés des Spectateurs, on leveroit la partie du Théatre qui couvre l'orchestre pour en faire usage à l'ordinaire.

Pour tirer de cette piece tout l'avantage possible par rapport aux sons des instruments, il faut qu'elle soit isolée de toutes parts, entourée de cloisons de bois uni & sonore, tel que le beau sapin, & son plancher posé sur une voûte renversée aussi isolée, afin qu'elle fasse une espece d'instrument qui, en recevant les sons, les rende au-dehors & n'en absorbe pas une partie, comme cela arrive quand on ne prend pas les précautions que je recommande ici: je les ai toutes mis en usage dans l'orchestre représenté dans cette Planche; elle y est construite selon ce systême, dont M. Rousseau de Genêve, qui est certainement bon juge en cette partie, est l'Auteur.

Planche 8.

Il faut cependant observer que le sol de cette orchestre est un peu trop bas, & qu'on doit l'élever le plus qu'il est possible, c'est-à-dire, jusqu'à ce que les cloisons qui l'entourent, n'aient que 4 pieds 6 pouces de hauteur, laquelle est suffisante pour que les Musiciens étant assis ne soyent pas plus haut que le devant du Théatre.

J'ai dit que le Théatre que je propose pourroit aussi servir de Salle de concert: dans ce cas, on fermeroit le derriere de l'avant-scène par des cloisons sur lesquelles seroient peintes des colonnes & d'autres parties d'Architecture qui se raccorderoient avec celles de l'avant-scène, & pour lors on placeroit l'orchestre & les Chanteurs sur la partie antérieure du Théatre, c'est-à-dire, sur l'avant-scène.

La profondeur du dessous du Théatre est de 40 pieds à l'endroit du mur de l'avant-scène, pris du dessus du Théatre au-dessus d'un trottoir de 2 pieds de largeur & de hauteur qui regne tout au pourtour, & avec lequel le dessus des plates-formes qui servent à porter les fermes du dessous doivent affleurer; ce dessous communique par une de ses extrémités avec le dessous du parquet, & de l'autre, avec les atteliers dont la porte principale donne dans le souterrain construit au-dessous de la voûte qui porte la rampe en pente douce, par le moyen de laquelle les chevaux & même les voitures peuvent monter sur le Théatre.

Ce dessous communique aussi avec les autres souterrains de l'édifice, par le moyen de deux escaliers situés aux extrémités de la galerie souterraine de l'arriere-scène, comme on peut le voir dans cette Planche.

Sur les faces latérales s'élevent les murs intérieurs, ou, pour mieux dire, deux pieds-droits avec leurs dosserets, lesquels se réunissent à la naissance du comble pour y former trois arcades, dont les claveaux ont 8 pieds d'épaisseur.

L'écart de ces pieds-droits est entretenu dans le dessous, par des voûtes méplates construites à la hauteur du premier plancher dont elles doivent soutenir le poids, lequel est d'autant plus considérable, que c'est sur ce plancher que portent les faux-chassis des décorations, & où l'on place les rouleaux des retraites pour les changements du dessous.

Au travers des arcades que forme le mur intérieur, on apperçoit une partie des soupiraux qui donnent du jour dans le dessous, ainsi

PLANCHE 8.

ainsi que les cheminées dans lesquelles passent les contre-poids.

Je n'ai pas fait voir dans cette coupe le plancher du Théatre, ainsi que ceux des différents étages du dessous, parce que leur construction dépend du détail des machines théatrales dont je traiterai à la suite de cet Ouvrage, & que j'avois intérêt de faire voir la cage du Théatre absolument vuide, pour qu'on pût mieux juger de sa construction, qui, quoique très-simple en apparence, demande beaucoup de combinaisons.

Le dessus du Théatre, proprement dit, n'a rien de particulier, si ce n'est la forme de ses corridors supérieurs, dont le premier regne avec le dessus de l'avant-scène.

Ces corridors, nécessaires pour la manœuvre des machines supérieures du Théatre, sont, ainsi que tout le reste de l'édifice, construits en pierre, & forment des deux côtés du Théatre des galeries de 21 pieds 6 pouces de largeur, y compris leur saillie du devant des pieds-droits qui est de 3 pieds 6 pouces; & par le fond des balcons ou trottoirs de *3 pieds 6 pouces de largeur.*

Du côté de l'avant-scène, ces galeries sont continuées dans toute la largeur du Théatre ainsi que sur le derriere, & regnent toutes trois avec différentes parties supérieures de la Salle, savoir; la premiere galerie avec le dessus de l'avant-scène, la seconde avec un plancher en forme de pont qui traverse la largeur de l'avant-scène & qui tourne au pourtour de la voûte de la Salle, la troisieme enfin avec le plancher du comble de cette derniere.

Chaque corridor est distant de l'autre de 10 pieds 6 pouces, & à une même distance du premier plancher. De celui-ci au second, il y a 10 pieds de hauteur; & c'est au nud de ce dernier que commence le rempant du comble.

Le premier corridor a au milieu du fond du Théatre une issue, par laquelle on communique aux galeries dans lesquelles sont placés les réservoirs, & de ces dernieres à des logements pratiqués sur les terrasses extérieures; on arrive aux corridors du cintre par les quatre escaliers qui montent du dessous du Théatre à son sommet, c'est-à-dire, au-dessus du second plancher du cintre, duquel on descend sur le premier, ou bien on monte sur ce dernier par deux escaliers qui ont leur entrée par l'intérieur du comble de la Salle. Le comble du Théatre est éclairé par 10 croisées, savoir deux de chaque côté & trois par chaque bout; il a aussi quatre portes, dont trois donnent sur les terrasses extérieures & une au-dessus du comble de la Salle, comme je l'ai dit plus haut.

PLANCHE 8.

La charpente du comble du Théatre est semblable à celle du comble de la Salle, du moins à quelque différences près, qui se distingueront mieux dans la coupe suivante que dans celle-ci, ainsi que toutes les issues qui communiquent aux différents étages du Théatre, & les ouvertures qui l'éclairent & lui procurent de l'air.

Le fond du Théatre est percé par une arcade de 32 pieds de largeur sur 34 pieds de hauteur, laquelle prolonge le point de vue de ce dernier, jusqu'au fond du corridor qui passe derriere.

Ce corridor, ainsi que tout le corps de bâtiment qui lui est adossé, est aussi percé d'une ouverture de 24 pieds de largeur sur 33 pieds de hauteur, qui forme une arcade dont j'ai parlé précédemment, & qui dans le cas d'une fête publique, serviroit d'entrée au Théatre qui deviendroit alors une Salle magnifiquement décorée. Dans les autres temps, cette entrée serviroit de passage pour les décorations & autres choses d'un grand volume, qui, par ce moyen se trouveroient tout de suite à la place qui leur est destinée: de plus, il est quelquefois besoin de faire paroître des chars & des chevaux sur le Théatre; alors cette entrée deviendroit non-seulement utile, mais même nécessaire, & en même-temps serviroit à faire paroître le Théatre beaucoup plus profond, & à y introduire des marches d'armée, ou tout autre chose de cette espece qui feroit toujours un bien meilleur effet, vu ainsi de face, que quand ils entrent par les côtés du Théatre, comme c'est la coutume: au-dessus de cette arcade sont pratiqués des logements servant à différents usages; on y communique par les escaliers placés derriere le Théatre, & par le logement du Concierge dont j'ai parlé plus haut, *page* 47.

Section Septieme.

Description des coupes du Théatre, prises sur les lignes C, D & E, F.

Planche 9.

La figure premiere représente la coupe du Théatre, (la moitié prise pour le tout), prise à la premiere croisée des grands escaliers, & par conséquent tout près du fond du Théatre, ce qui m'a donné les moyens de faire voir une partie de la construction de ces mêmes escaliers, ainsi que de ceux du Théatre proprement dit, avec toutes leurs issues aux différents étages de l'édifice.

La figure seconde représente la coupe de ce même Théatre prise dans le milieu de la croisée, qui précede un des pavillons extérieurs; dans cette seconde coupe, on voit la forme de toutes les ouvertures qui éclairent le Théatre dans toute sa hauteur, celle des cheminées par où passent les contre-poids, enfin la coupe des corridors tant du bas que du cintre, & dans le fond, les limons des escaliers du Théatre avec leurs rampes.

Dans le fond de ce dernier, on voit la grande ouverture donnant sur la rue, aux deux côtés de laquelle sont les cheminées des contre-poids de l'arriere-scène, qui montent dans toute la hauteur du Théatre jusque sous le second plancher du cintre, lequel porte sur le grand entrait de la ferme; cette ferme est soutenue tant sur les murs intérieurs du Théatre, que sur les murs extérieurs, ce qui en diminue considérablement la portée, & la soulage en partie du poids du premier plancher, qui est suspendu au second avec des liens ou tirants de fer.

La charpente de ce comble est semblable à celle du comble de la Salle, tant par rapport à la dimension des bois, qu'à la maniere dont ils sont employés. Il n'y a d'autres changements que ceux que le rétrecissement du diametre intérieur du Théatre a occasionnés, ce qui procure aux fermes de ce comble beaucoup plus de solidité, dont il a d'autant plus besoin, qu'il est très-chargé par le poids des machines de toute espece qu'on pose dessus.

On voit dans ces deux coupes les corridors ou galeries, dans lesquelles sont placés les réservoirs; & dans la figure 2, la coupe d'un de ces réservoirs, sur la grandeur & la forme desquels je ne m'étendrai pas ici, me contentant de dire qu'ils doivent être d'une capacité suffisante & en assez grand nombre pour recueillir toutes les eaux pluviales, & être accompagnés de conduits & tuyaux de descentes qui portent l'eau dans toutes les parties de l'édifice, & sur-tout dans toute l'étendue du Théatre qui doit en être environné de toute part, même jusque sur l'avant-scène, où il est bon de placer un ou même plusieurs tuyaux percés d'une infinité de trous dans toute leur longueur, afin qu'en ouvrant un robinet il puisse tomber une espece de nappe d'eau qui empêche, du moins pour un temps, la flamme de pénétrer du Théatre dans la Salle, dans le cas où le feu prendroit subitement à ce dernier.

Planche 9.

J'aurois desiré entrer dans un plus grand détail touchant la forme & la grandeur des différentes parties de ce Théatre; mais je n'aurois pu le faire sans parler des machines théatrales qui doivent y être placées, & dont la grandeur, la forme & le service ont déterminé la forme générale de ce même Théatre, ce qui auroit beaucoup allongé cette description sans la rendre pour cela plus utile : c'est pourquoi je me suis borné à en donner une idée générale, me réservant de donner par la suite les raisons qui m'ont obligé de choisir certaines formes par préférence à d'autres, lorsque j'aurai donné le détail des machines théatrales, dont la connoissance une fois acquise, sera beaucoup plus utile que tout ce que j'aurois pu dire présentement.

Le Projet dont je viens de faire la description est sans doute très-considérable, tant pour la grandeur que pour la décoration & la construction; cependant en le considérant comme il doit l'être, c'est-à-dire, comme monument public, fait pour servir à l'embellissement d'une opulente Capitale & à l'amusement de ses Citoyens, il n'étoit guere possible de lui donner moins de grandeur, d'autant plus que je l'ai construit de maniere qu'il soit propre aux divers genres de Spectacles.

D'ailleurs on a dû voir, qu'à l'exception de la Salle & du Théatre, dont la grandeur ne pouvoit guere être moins considérable, j'ai absolument supprimé tout autre piece dont on a coutume de les entourer, comme des salons, de grands cabinets & autres, qui en augmentant l'étendue de l'édifice, ne font que nuire à son usage; un monument de cette espece devant être considéré, non comme une maison d'habitation, mais comme un lieu public, à la jouissance duquel tous les

PLANCHE 9.

Citoyens ont droit de prétendre, & dont la forme des plans, c'est-à-dire, la distribution tant intérieure qu'extérieure, & la décoration des dehors, doivent annoncer l'usage.

C'est ce que je me suis efforcé de faire en composant ce Projet, encore que je ne me flatte pas d'y avoir parfaitement réussi, ce que je laisse à décider aux Maîtres de l'Art. De plus, en proposant ce Projet je n'ai pas eu dessein de me faire un mérite de ma composition, mais de me donner à moi-même un Théatre d'une forme & d'une disposition convenables pour servir à la description des machines théatrales, qui est le principal but de cet Ouvrage.

SECTION HUITIEME.

Application du Théatre projeté à une place donnée dans Paris.

PLANCHE 10.

QUOIQUE le Théatre dont je viens de faire la description ne soit qu'un Projet, à l'exécution duquel je n'ai jamais même pensé, j'ai cependant cru qu'il étoit à propos de lui supposer un emplacement donné dans cette Capitale, afin que les principales dispositions de ce monument ne semblent pas avoir été prises au hazard, (comme cela arive dans presque tous les projets); mais au contraire relativement à son usage particulier & sur-tout à la forme du terrein donné, & des rues & des autres édifices qui peuvent y être adjacents.

Ayant donc résolu de choisir un emplacement convenable pour placer mon Théatre, j'ai cru ne pouvoir mieux faire, que de prendre celui de l'ancien hôtel de Condé, tant parce que ce même terrein a déja été destiné à cet usage, que pour faire voir que quoique mon Projet paroisse & soit même très-considérable, il seroit cependant possible de l'exécuter sur ce terrein sans faire de nouvelles acquisitions & sans nuire en aucune maniere à la voie publique, ce qu'il est très-essentiel d'observer, comme je l'ai dit ci-dessus *page* 38.

Le terrein de l'ancien hôtel de Condé, est un triangle irrégulier dont les rues des Fossés de M. le Prince, de Vaugirard & de Condé, forment les côtés, qui sont tous inégaux entre eux : c'est au milieu de cet espace que j'ai placé mon édifice, en observant que sa ligne capitale enfile la rue des Fossés S. Germain, jusqu'au tiers de sa longueur, ce qui m'a procuré un point de vue de 125 toises en ligne droite jusqu'au pied de l'édifice.

J'ai aussi fait en sorte que cette même ligne capitale se trouvât parallele à celle du Palais du Luxembourg, afin que si par la suite on venoit à faire des augmentations à ce Palais, & à redresser les rues qui y sont adjacentes, sur-tout celle de Tournon, les rues qui donnent entrée à la place où est situé le Théatre se trouvassent d'équerre avec cette derniere, & fissent les unes avec les autres un ensemble régulier, ce qui contribueroit beaucoup à l'embellissement de ce quartier.

La place où est situé l'édifice a 90 toises de longueur sur 55 de largeur : une de ses extrémités est terminée par deux parties circulaires, qui forment une place au-devant de 31 toises de profondeur, d'après laquelle est une rue de 9 toises de largeur, qui circule au pourtour de ce dernier.

On arrive dans la place du Théatre, ou, pour mieux dire, au Spectacle, par quatre rues qui répondent en face de ses principales entrées, de sorte que de quelque côté qu'on arrive, on jouit de son aspect.

La premiere de ces rues répond à la principale face de l'édifice & fait la prolongation de celle des Fossés S. Germain. Celle qui lui est opposée fait face à l'arcade qui monte au derriere du Théatre, & va déboucher dans la rue de Vaugirard, & pourroit même être continuée jusqu'au jardin du Luxembourg, comme je l'ai indiqué par des lignes ponctuées, ce qui procureroit un magnifique point de vue à l'intérieur du Théatre.

Des deux autres rues, celle qui est à droite vient déboucher dans la rue de Tournon, en face de l'hôtel de Nivernois, qui en termine avantageusement le point de vue ; & l'autre rue, c'est-à-dire, celle à gauche, après avoir traversé celle des Fossés de M. le Prince, est prolongée jusqu'à la rue de la Harpe, dans laquelle elle débouche un peu au-dessus de S. Côme.

Ces quatre rues ont chacune 60 pieds de largeur, y compris des trottoirs ou simplement des bornes isolées placées au-devant des maisons, pour faciliter la circulation des gens de pied, ce que j'ai pareillement observé au pourtour de la place du Théatre & des rues qui l'entourent. Les quatre rues dont je viens de parler, sont non-seulement nécessaires pour procurer des points de vues à l'édifice, mais encore pour faciliter

PLANCHE 10.

l'entrée & la sortie des voitures qui viennent au Spectacle des différents quartiers de Paris, & qui, au moyen de la distribution de ce plan, ne pourroient pas causer d'embarras, puisque les quatre entrées de la place sont opposées les unes autres & répondent à-peu-près aux différentes routes qui conduisent aux principaux quartiers de Paris. Par la disposition que j'ai donnée à la place de mon Spectacle & aux rues qui y donnent entrée, j'ai tiré tout le parti possible du terrein donné, sans cependant intercepter la voie publique, & sans avoir augmenté la dépense de l'emplacement, considération qu'il étoit essentiel d'observer, comme je l'ai dit plus haut : on peut aisément s'en convaincre en jettant un coup d'œil sur cette Planche, qui représente non-seulement le plan du Théatre & de la place où il est situé, mais encore une partie du quartier du Luxembourg ; ce qui étoit nécessaire pour qu'on pût mieux juger de la vérité de ce que j'avance, & des raisons qui m'ont déterminé lors de la disposition générale de mon Projet.

Je viens de dire que je n'avois pas intercepté la voie publique, & que je n'avois pas augmenté la dépense de l'emplacement : cela est exactement vrai, car non-seulement j'ai conservé la rue des Fossés de M. le Prince (qui est très-passagere pour les voitures qui arrivent du dehors) dans son ancien état, mais j'en ai rendu le débouché plus facile, au moyen de la petite place où carrefour auquel elle vient aboutir, ainsi que celles de Touraine, de Condé, des Quatre-vents, du petit Lion, & enfin celle qui donne entrée à ma place.

Quant à la dépense du terrein, il est très-aisé de voir que je ne l'ai pas augmentée, puisque je me suis absolument renfermé dans celui de l'ancien hôtel de Condé, aux dépens duquel est pris le carrefour dont je viens de parler ; & si pour le redressement de ce carrefour j'ai été obligé de prendre quelque peu de terrein du côté de la rue de Touraine & de celle des Cordeliers, ces terreins sont plus que compensés par les constructions nouvelles qui leur sont opposées, & qui sont faites sur l'emplacement des rues actuellement existantes, dont le contour est tracé sur ce plan par des lignes pleines, qui passent sous les constructions projetées.

Le changement le plus considérable que j'aie fait, est la suppression presque totale de la rue de Condé, qui se trouve dans ce plan faire partie de la place du Théatre ; mais on doit faire attention que cette rue est très-peu passagere, & contient, sur-tout vers son extrémité supérieure, peu de maisons considérables, & que loin d'anticiper sur le terrein des particuliers, j'ai augmenté ce terrein d'une quantité plus que suffisante pour équivaloir à celui qu'occupe la rue que j'ai percée en face de l'hôtel de Nivernois : quant à la rue opposée à cette derniere, encore qu'elle soit entiérement nouvelle, elle ne seroit pas absolument coûteuse, parce qu'elle est en partie prise sur le terrein des Cordeliers, indiqué dans ce plan par un trait plein : d'ailleurs ce terrein est en partie vuide ou abandonné, & il est presqu'indispensable de faire des changements à cette Maison Religieuse, soit en tout ou en partie pour faire une place en face de la nouvelle Académie de Chirurgie, monument digne de la bienfaisance de nos Rois & des talents de son Ordonnateur, & auquel il ne manque peut-être qu'une place pour en faire un des plus beaux édifices de cette Capitale.

PLANCHE 10.

Une des plus grandes difficultés qu'il y auroit à surmonter dans le plan que je propose, c'est l'inégalité du terrein, lequel va toujours en montant depuis la rue des Fossés S. Germain jusqu'à celle de Vaugirard ; mais cette difficulté n'est pas aussi considérable qu'elle le paroît au premier coup d'œil, car le plus roide de la colline est vers le haut de la rue des Fossés de M. le Prince, & rien n'empêcheroit qu'on ne mît l'intérieur de la place du Théatre au niveau des deux rues latérales qui la traversent, en lui donnant un peu de pente en venant regagner le carrefour du Riche-Laboureur, dont on pourroit d'ailleurs relever le terrein au niveau de la rue du petit Lion ; ce qui seroit d'autant plus facile, que toutes les façades de ce carrefour & des rues qui y aboutissent, sont de construction nouvelle, où pour mieux dire projetée ; & que cela faciliteroit le relevement du terrein jusqu'à la rue des Fossés S. Germain, qui commence à remonter d'après le carrefour des rues des Boucheries & des Cordeliers, qu'on pourroit également relever, du moins vers leurs extrémités.

Au moyen du relevement que je propose, la place du Théatre pourroit être à-peu-près de niveau sur sa longueur ; & quand d'ailleurs il y auroit un peu d'élévation sur le derriere, cela ne pourroit qu'être avantageux pour faire piramider le monument, dont en ce cas on éléveroit les perrons sur le devant, en raison de la pente de la place ; on pourroit même réduire à rien la hauteur de ces perrons sur le derriere de l'édifice, ce qui diminueroit d'autant plus la pente de la rue qui fait face au derriere

PLANCHE 10.

derriere du Théatre, laquelle seroit toujours très-considérable, vu que cette rue débouche dans celle de Vaugirard, dont le terrein ne laisse pas d'être élevé au-dessus de la place du Théatre.

Au moyen des changements que je viens de proposer, il est aisé de voir que quelque considérable que soit mon projet, il ne seroit du moins pas inexécutable, quant au local de son emplacement : quant au projet en lui-même, c'est aux Connoisseurs, qu'il appartient d'en juger; je n'ai aucune prétention de le présenter comme exempt de défauts, ni comme un exemple à imiter, & ne l'ai composé, ainsi que je l'ai déja dit, que pour servir à la description des parties intérieures des Théatres & des Machines théatrales, qui sont toutes du ressort du Menuisier Machiniste, & dont je traiterai dans la seconde Partie de cet Ouvrage.

ATTENTIF à profiter de tous les Avis qui peuvent contribuer à la perfection du projet que je présente au Public, je dois lui rendre compte d'une réflexion qu'on m'a faite, & des moyens propres à y répondre.

On m'a fait observer qu'un des plus grands désagréments attachés à la construction actuelle de nos Spectacles, est que les personnes de considération & les dames n'y peuvent arriver sans se mouiller ou sans se crotter. On a cherché dans plusieurs Villes de l'Europe à y remédier : à Turin; entr'autres, on a pratiqué sous le Spectacle même une voie couverte pour les voitures, & à cet égard l'objet est rempli; mais d'un autre côté, dès que le Spectacle est commencé & que le silence y regne, une seule voiture qui passe fait un bruit insupportable aux Spectateurs, & trouble entiérement les Acteurs. Voici comment je procure l'avantage d'arriver à couvert, sans troubler la tranquillité du Spectacle.

PLANCHE 10.

Le Lecteur, pour mieux saisir mon idée, voudra bien avoir sous les yeux la Planche *X*.

Comme dans mon projet, j'ai isolé mon Spectacle de tous côtés, on pourroit de chacun des vestibules *M* 1 & *M* 2 faire partir une galerie, dont l'épaisseur seroit égale à la largeur des pavillons, & qui, en traversant la rue, iroit joindre la façade des maisons que j'ai supposé devoir environner la place. Comme ces maisons pourroient servir de demeure aux Comédiens ou autres personnes, elles offriroient un passage commode soit en-dessus formé en terrasse, soit en-dessous, pour arriver au Spectacle. Ces galeries n'auroient de hauteur que celle du soubassement, & seroient couronnées comme lui, d'une balustrade; elles seroient percées de trois arcades de 12 à 15 pieds de largeur & de 24 de hauteur, & formeroient un vaste vestibule, qui, sans nuire à la circulation des voitures, procureroient, je pense, la commodité désirée. Ce moyen ne change rien au dessein général de mon plan, qui est d'être isolé, puisque ces galeries sont placées vers les extrémités des côtés de l'édifice. Par-là, le Spectateur arrivé au centre de la place, ne voit point ces galeries; & l'œil qui la parcourt n'est offusqué par aucun objet.

PLANCHE 4.

N. B. *Occupé depuis plusieurs années du travail dont j'offre aujourd'hui au Public la premiere Partie, j'ai dans mon porte-feuille tous les matériaux, bien digérés, de la partie intéressante qui doit suivre; mais c'est par le suffrage du Public sur cette premiere Partie, que je serai en état de juger du sort qu'il destine à la suivante; & si je suis assez heureux pour obtenir ce suffrage, la* CONSTRUCTION DES MACHINES THÉATRALES *de tout genre, objet de la seconde Partie, sera sans retard mise sous presse.*

FIN DE LA PREMIERE PARTIE.

TABLE
DES CHAPITRES ET SECTIONS
DE LA PREMIERE PARTIE
DE LA CONSTRUCTION DES THÉATRES.

FIN DE LA TABLE.

Fautes à corriger.

PAGE 14, *premiere colonne*, *ligne* 48, qu'ils vouloient; *lisez* : qu'il vouloit.
Page 35, *seconde colonne*, *ligne* 26, dernieres; *lisez* : derniers
Page 40, *premiere colonne*, *ligne* 40, en tout 2 pieds 9 pouces; *lisez* : en tout 3 pieds 9 pouces.
Page 46, *seconde colonne*, *ligne* 43, a 2 pieds de largeur; *lisez* ; a 21 pieds de largeur.

APPROBATION.

J'AI lu, par ordre de Monseigneur le Garde des Sceaux, la Premiere Partie du Manuscrit ayant pour titre : *Traité de la Construction des Théatres & des Machines Théatrales* ; & je n'y ai rien trouvé qui m'ait paru devoir en empêcher l'Impression. A Paris, ce 12 Août 1776.

Signé, PERRARD DE MONTREUIL.

PRIVILÉGE DU ROI.

LOUIS, PAR LA GRACE DE DIEU, ROI DE FRANCE ET DE NAVARRE ; A nos amés & féaux Conseillers, les Gens tenant nos Cours de Parlement, Maîtres des Requêtes ordinaires de notre Hôtel, Grand-Conseil, Prévôt de Paris, Baillifs, Sénéchaux, leurs Lieutenants Civils, & autres nos Justiciers qu'il appartiendra ; SALUT. Notre amé le sieur ANDRÉ-JACOB ROUBO, Nous a fait exposer qu'il désireroit faire imprimer & donner au Public *le Traité de la Construction des Théatres & des Machines théatrales*, s'il Nous plaisoit lui accorder nos Lettres de Privilége pour ce nécessaires. A CES CAUSES, voulant favorablement traiter l'Exposant, nous lui avons permis & permettons par ces Présentes, de faire imprimer ledit ouvrage autant de fois que bon lui semblera, & de le vendre, faire vendre & débiter par-tout notre Royaume, pendant le tems de six années consécutives, à compter du jour de la date des Présentes. FAISONS défenses à tous Imprimeurs, Libraires & autres personnes, de quelque qualité & condition qu'elles soient, d'en introduire d'impression étrangere dans aucun lieu de notre obéissance : comme aussi d'imprimer, ou faire imprimer, vendre, faire vendre, débiter, ni contrefaire ledit Ouvrage, ni d'en faire aucuns extraits, sous quelque prétexte que ce puisse être, sans la permission expresse & par écrit dudit Exposant, ou de ceux qui auront droit de lui, à peine de confiscation des Exemplaires contrefaits, de trois mille livres d'amende, contre chacun des contrevenans, dont un tiers à Nous, un tiers à l'Hôtel-Dieu de Paris, & l'autre tiers audit Exposant, ou à celui qui aura droit de lui, & de tous dépens, dommages & intérêts ; A LA CHARGE que ces Présentes seront enregistrées tout au long sur le Registre de la Communauté des Imprimeurs & Libraires de Paris, dans trois mois de la date d'icelles ; que l'Impression dudit Ouvrage sera faite dans notre Royaume & non ailleurs, en beau papier & beaux caracteres, conformément aux Réglemens de la Librairie, & notamment à celui du dix Avril mil sept cent vingt-cinq, à peine de déchéance du présent Privilége ; qu'avant de l'exposer en vente, le manuscrit qui aura servi de copie à l'Impression dudit Ouvrage, sera remis dans le même état où l'approbation y aura été donnée, ès mains de notre très-cher & féal Chevalier Garde des Sceaux de France, le Sieur HUE DE MIROMENIL ; qu'il en sera ensuite remis deux Exemplaires dans notre Bibliotheque publique, un dans celle de notre Château du Louvre, un dans celle de notre très-cher & féal Chevalier Chancelier de France le Sieur DE MAUPEOU, & un dans celle dudit Sieur HUE DE MIROMENIL : le tout à peine de nullité des Présentes ; du contenu desquelles vous mandons & enjoignons de faire jouir ledit Exposant, & ses ayant cause, pleinement & paisiblement, sans souffrir qu'il leur soit fait aucun trouble ou empêchement. VOULONS que la copie des Présentes, qui sera imprimée tout au long, au commencement ou à la fin dudit ouvrage, soit tenue pour duement signifiée, & qu'aux copies collationnées par l'un de nos amés & féaux Conseillers Secrétaires, foi soit ajoutée comme à l'original. COMMANDONS au premier notre Huissier ou Sergent sur ce requis, de faire pour l'exécution d'icelles, tous actes requis & nécessaires, sans demander autre permission, & nonobstant clameur de Haro, Charte Normande, & Lettres à ce contraires. CAR tel est notre plaisir. DONNÉ à Paris le onzieme jour du mois de Septembre, l'an de grace mil sept cent soixante-seize, & de notre Regne le troisieme. Par le Roi en son Conseil.

Signé, LE BEGUE.

Registré sur le Registre XX de la Chambre Royale & Syndicale des Libraires & Imprimeurs de Paris, N°. 753. *Fol.* 226. *conformément au Réglement de* 1723. *qui fait défenses, Article IV, à toutes personnes de quelque qualité & condition qu'elles soient, autres que les Libraires & Imprimeurs, de vendre, débiter, faire afficher aucuns Livres pour les vendre en leurs noms, soit qu'ils s'en disent les Auteurs, ou autrement ; & à la charge de fournir à la susdite Chambre huit Exemplaires prescrits par l'Article CVIII. du même Réglement. A Paris ce* 18 *Septembre* 1776.

Signé, *LAMBERT*, *Adjoint*.

DE L'IMPRIMERIE DE L. F. DELATOUR. 1777.

Pl. 1

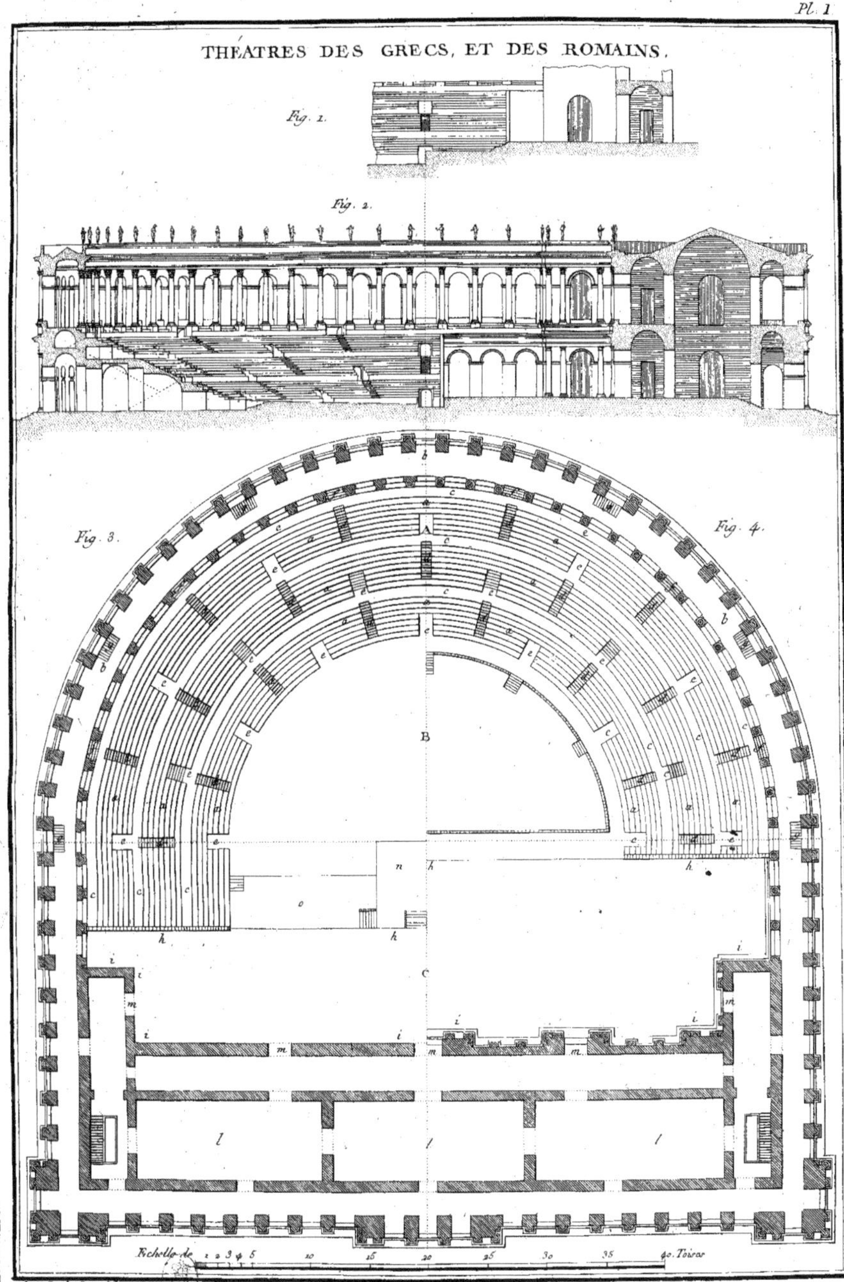

A. J. Roubo Inv. del. et Sculp.

A. P. D. R.

Plan et coupe de l'ancienne Comedie françoise.

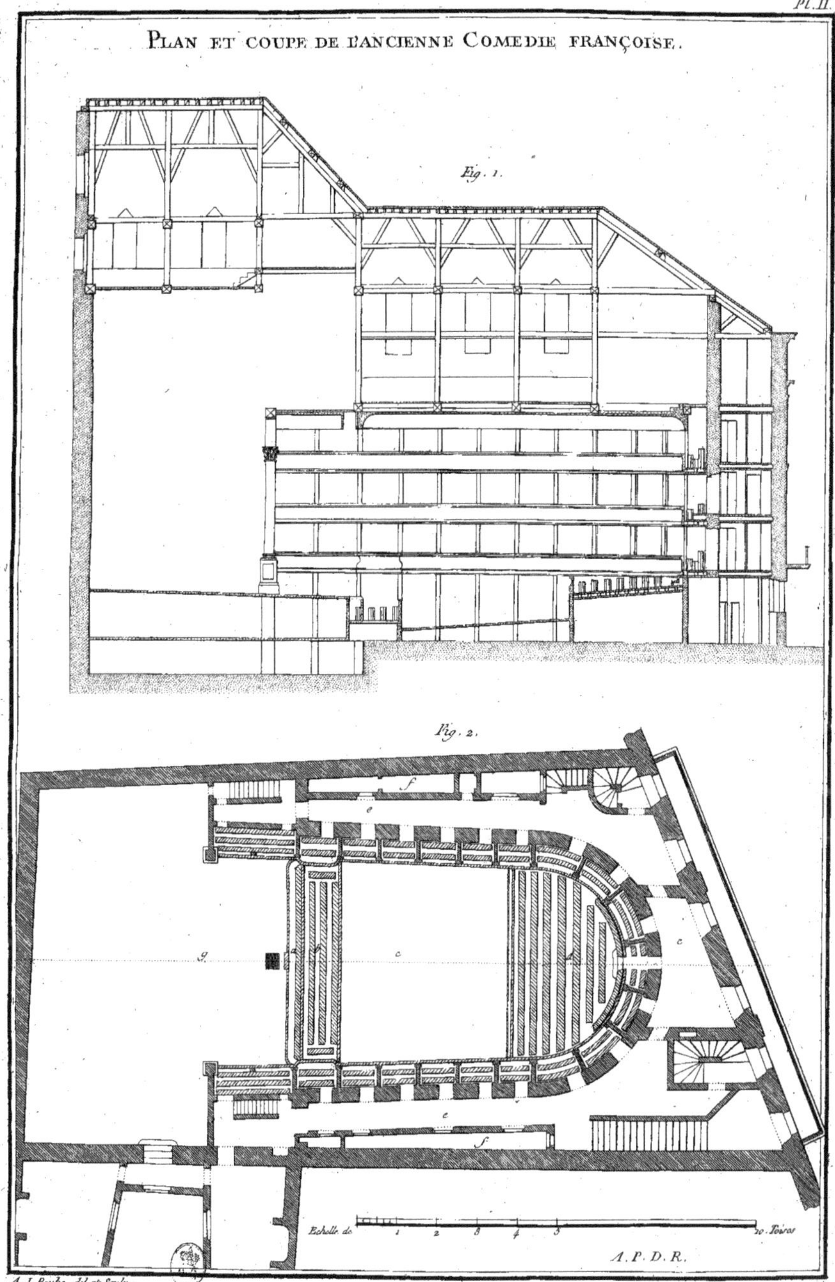

A. J. Roubo del. et Sculp.

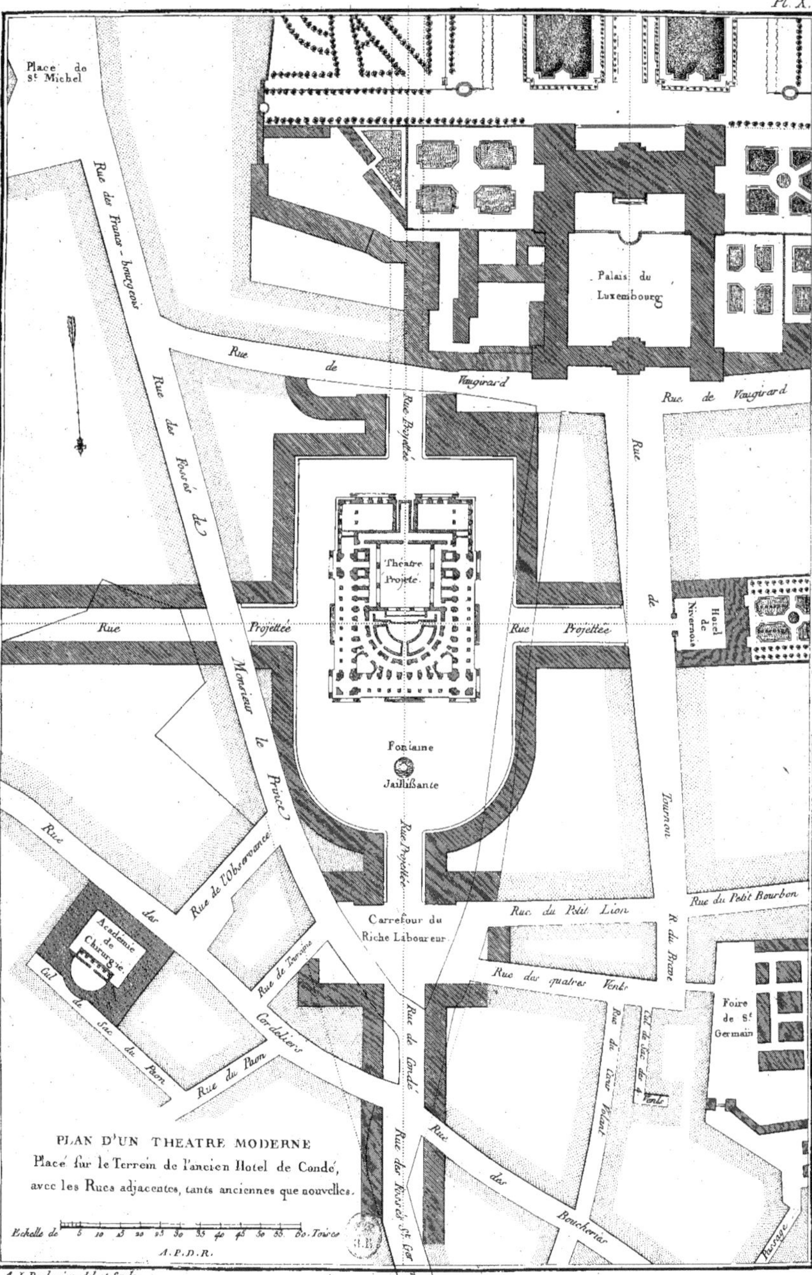
Place de St. Michel
Rue des Francs-bourgeois
Rue de Vaugirard
Rue de Vaugirard
Palais du Luxembourg
Rue des Fossés de Monsieur le Prince
Rue Projettée
Rue Projettée
Rue Projettée
Rue Projettée
Theatre Projeté
Rue Projettée
Rue de Tournon
Hotel de Nivernois
Fontaine Jaillissante
Rue de l'Observance
Rue des Cordeliers
Academie de Chirurgie
Cul de Sac du Paon
Rue du Paon
Rue de Touraine
Carrefour du Riche Laboureur
Rue du Petit Lion
Rue du Petit Bourbon
R. du Brave
Rue des quatres Vents
Rue du Cœur Volant
Cul de Sac des 4 Vents
Foire de St. Germain
Rue de Condé
Rue des Fossés St. Germain
Rue des Boucheries
Passage
PLAN D'UN THEATRE MODERNE
Placé sur le Terrein de l'ancien Hotel de Condé,
avec les Rues adjacentes, tants anciennes que nouvelles.
Echelle de 5 10 15 20 25 30 35 40 45 50 55 60 Toises
A.P.D.R.
A. J. Roubo inv. del et Sculp.

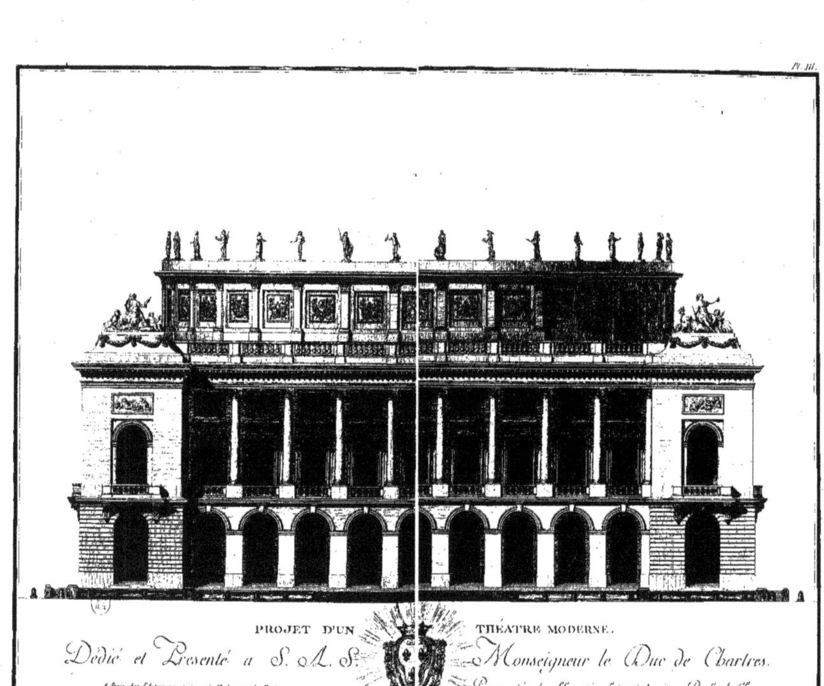

PROJET D'UN THÉATRE MODERNE.

Dédié et Presenté a S. A. S. Monseigneur le Duc de Chartres.

Par son très humble et très obéissant Serviteur, Roubo le fils.

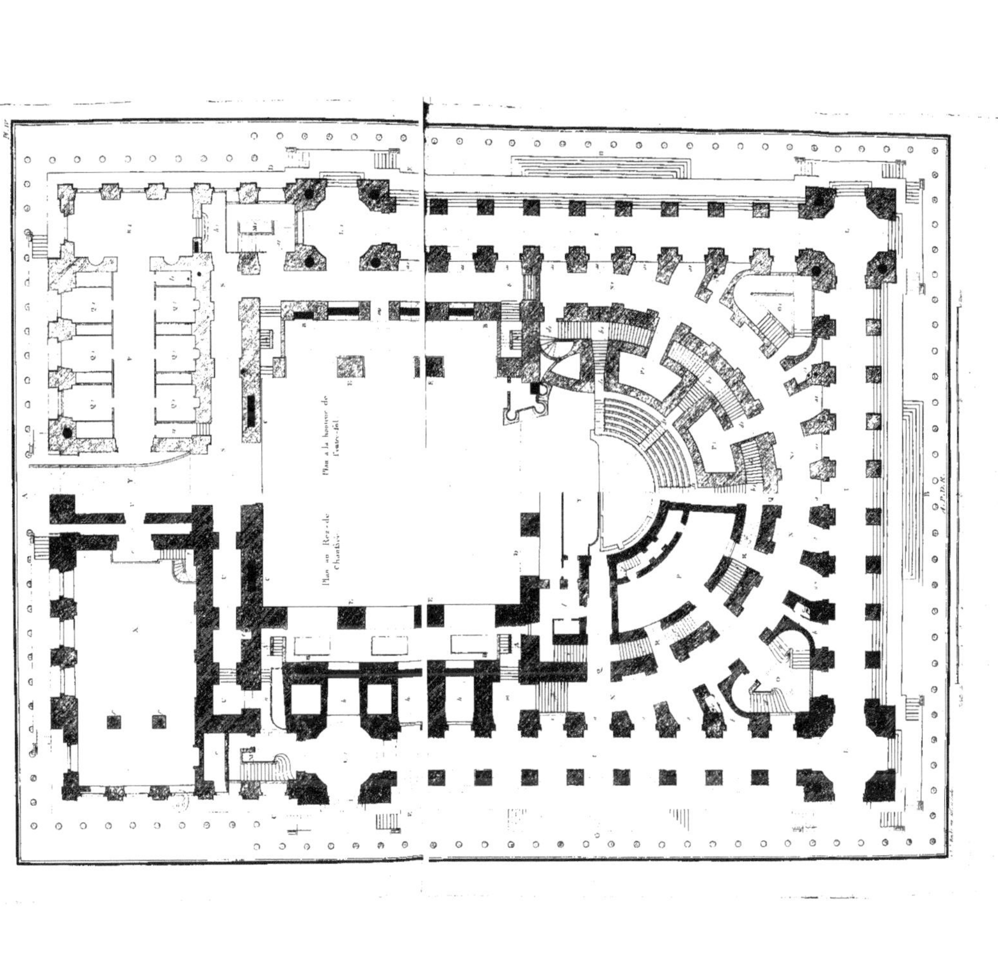

Pl. V

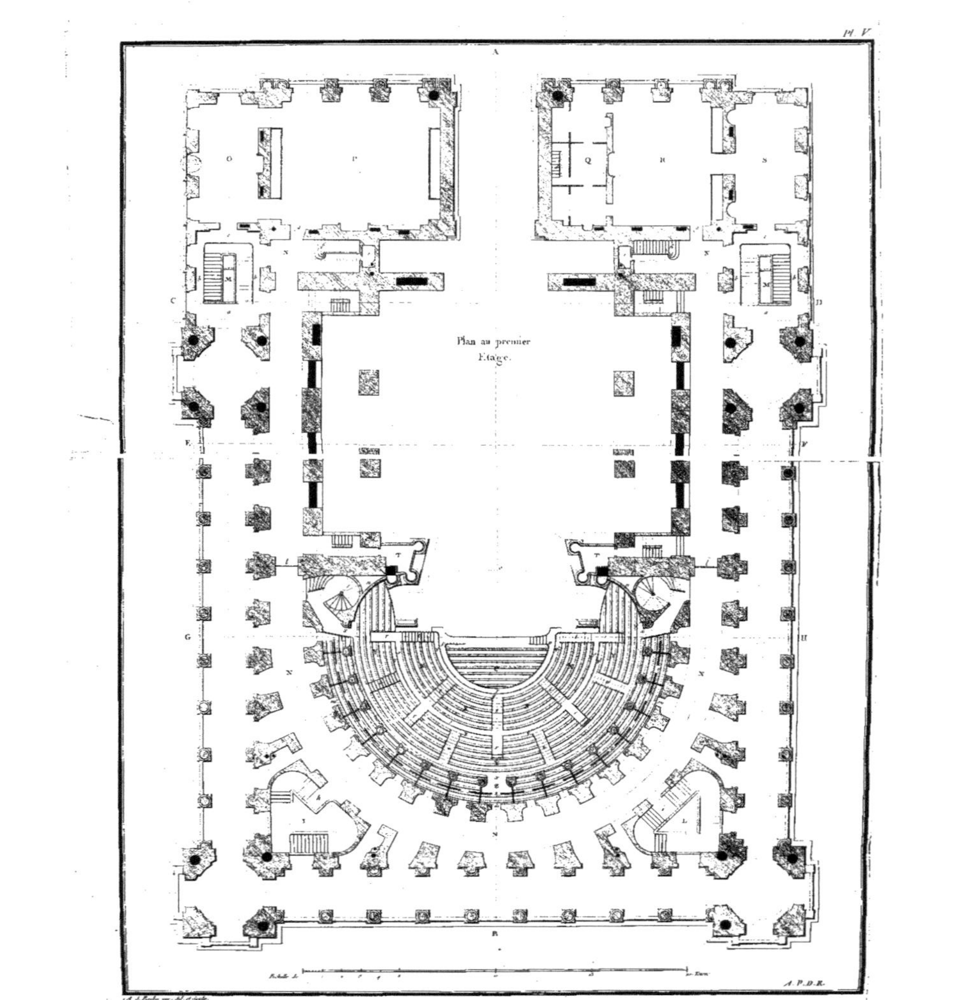

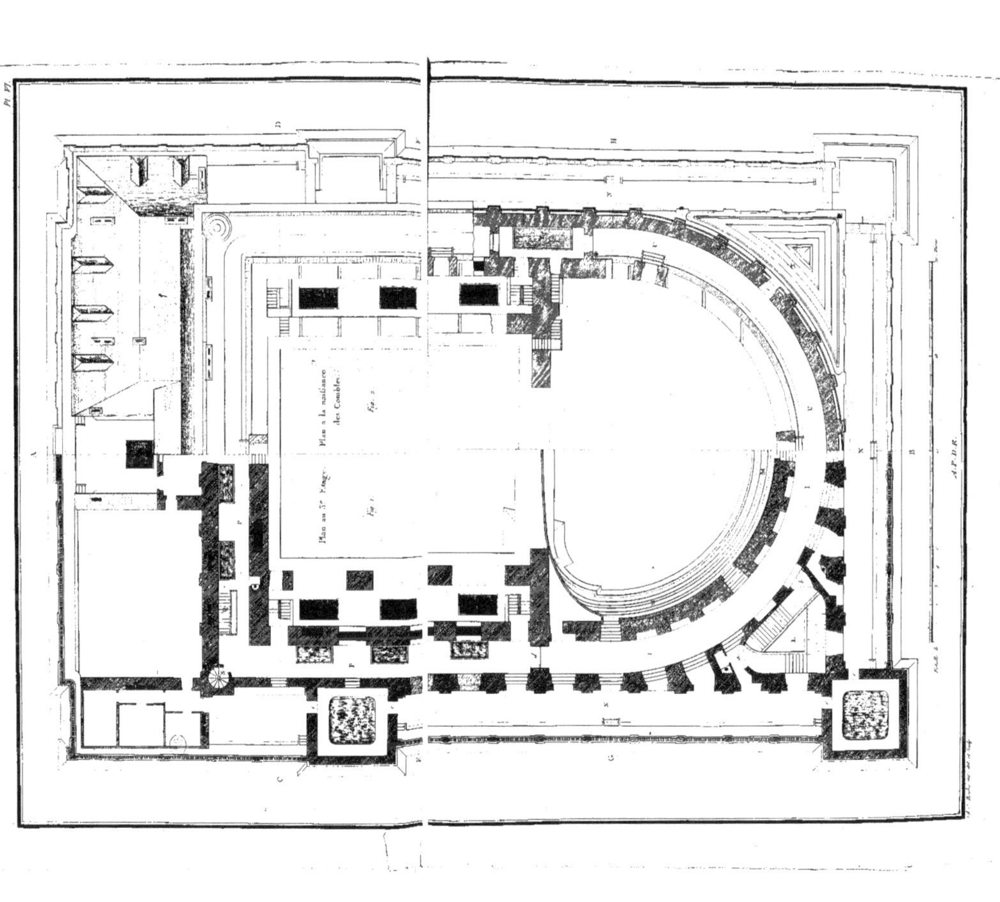

Pl. VII.
COUPE PRISE SUR LA LIGNE G.H.
Echelle de
Toises
A. P. D. R.

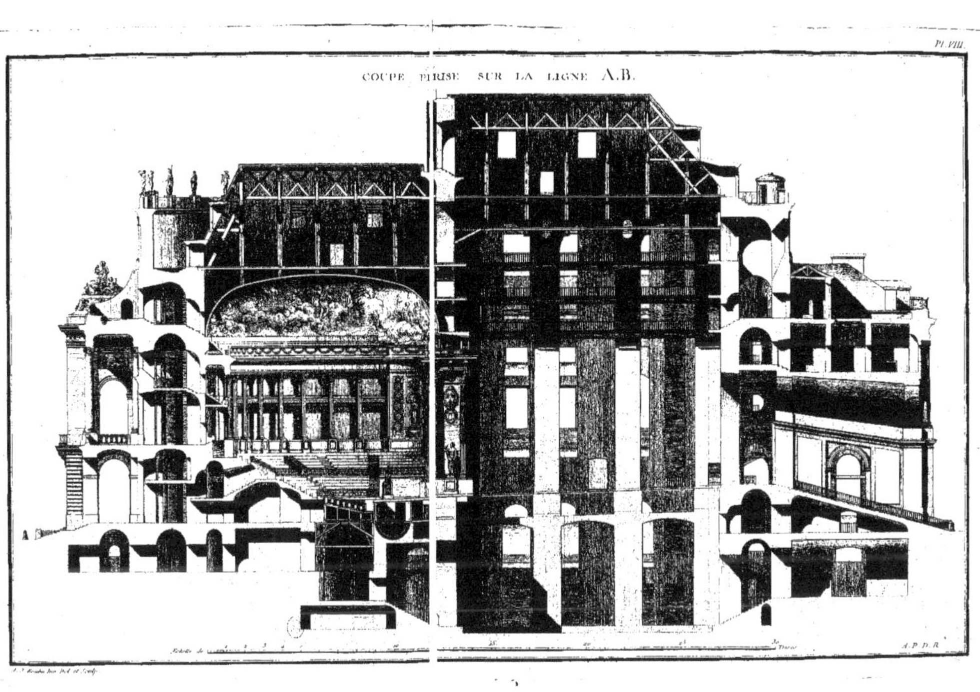
Pl. VIII.
COUPE PRISE SUR LA LIGNE A.B.
A
Echelle de
10
15
20
25
30 Toises
A.P.D.R.

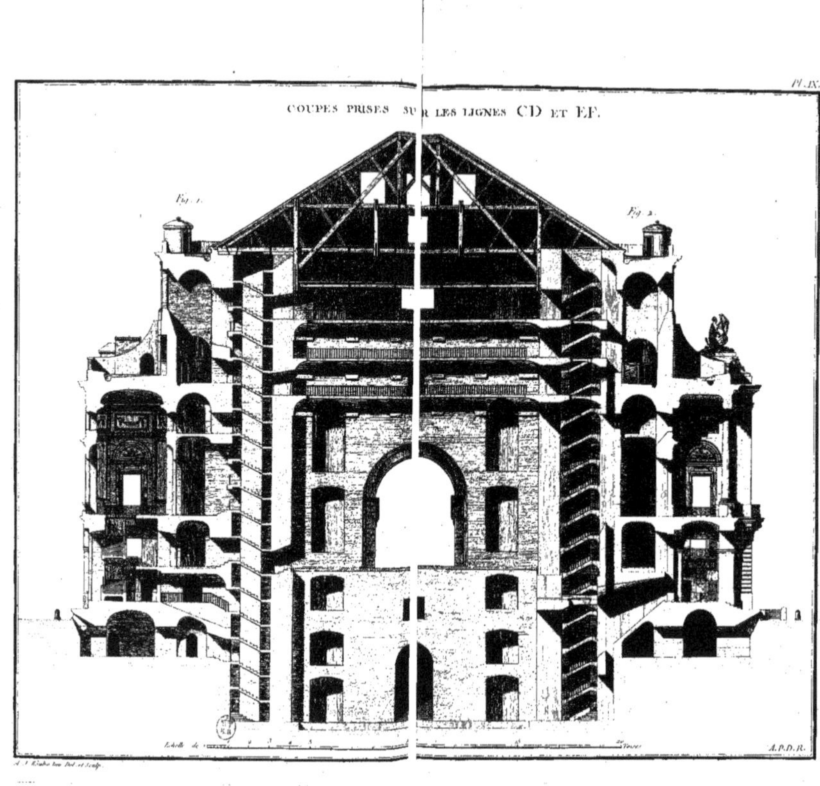
Pl. IX.
COUPES PRISES SUR LES LIGNES CD ET EF.
Fig. 1.
Fig. 2.
A.P.D.R.

www.ingramcontent.com/pod-product-compliance
Ingram Content Group UK Ltd.
Pitfield, Milton Keynes, MK11 3LW, UK
UKHW022105070726
13613UKWH00002B/948